GOLDMANN
Lesen erleben

*Buch*

Unser Leben und die ganze Schöpfung sind durchdrungen von einer inneren Ordnung, die bestimmten Gesetzmäßigkeiten gehorcht. Diese Geistigen Gesetze haben ihren eigenen Rhythmus, in den wir alle eingebettet sind. Unser gesamtes Leben vollzieht sich in Rhythmen; auch Raum und Zeit unterliegen ihnen. Nur die Kenntnis dieser ewigen Gesetze versetzt uns in die Lage, sie sinnvoll für unser Leben zu nutzen. Seit Jahrzehnten hat sich der bekannte Therapeut und spirituelle Lehrer Kurt Tepperwein mit diesen Schicksalsgesetzen befasst, über die berühmte Meister und Philosophen der verschiedensten Kulturen geschrieben haben. Aufbauend auf einem Schatz wertvollen tradierten Wissens, hat er dieses »Lesebuch« verfasst, das uns helfen soll, uns mehr und mehr als untrennbaren Teil des Ganzen zu fühlen. Die geistigen Gesetze helfen uns dabei: Sie weisen auf eine Gerechtigkeit jenseits von Konvention und Moral hin und zeigen einen kosmischen Plan auf, der neue, ungeahnte Möglichkeiten zur Lösung unserer Probleme bietet.

*Autor*

Kurt Tepperwein, geboren 1932 in Lobenstein, war erfolgreicher Unternehmer und lange Jahre Unternehmensberater, ehe er sich 1973 aus dem Wirtschaftsleben zurückzog. Er wurde Heilpraktiker und Forscher auf dem Gebiet der wahren Ursachen von Krankheit und Leid. Er lehrte als Dozent an verschiedenen internationalen Institutionen, unter anderem an der Friedensuniversität in Berlin. Seit 1997 ist Kurt Tepperwein Dozent an der Internationalen Akademie für geistige Wissenschaft in Vaduz. Die von ihm entwickelte Technik des mental- und Intuitionstrainings ist für viele Menschen unverzichtbarer Bestandteil ihres Lebens.

*Von Kurt Tepperwein sind bei Goldmann und Arkana außerdem erschienen:*

Geistheilung durch sich selbst (11738) · Jungbrunnen Entsäuerung (14207) · Mein persönliches Verjüngungsbuch (21921) · Perlen der Weisheit (21862) · Die Heilkraft der Wertschätzung (17363) · Lebe deine Kraft! (17296) · Autogenes Training (Audiobook, 33965)

KURT TEPPERWEIN

# DIE GEISTIGEN GESETZE

## Erkennen, verstehen, integrieren

Erweiterte und überarbeitete Neuausgabe

GOLDMANN

MIX
Papier aus verantwortungsvollen Quellen
FSC® C014496

Verlagsgruppe Random House FSC® N001967
Das für dieses Buch verwendete FSC®-zertifizierte Papier
*Holmen Book Cream* liefert Holmen Paper, Hallstavik, Schweden.

19. Auflage
Erweiterte und überarbeitete Neuausgabe Mai 2002

Umschlaggestaltung: Design Team München
Umschlagfoto: Zefa/Allofs
Satz/DTP: Martin Strohkendl, München
Druck und Bindung: GGP Media GmbH, Pößneck
Redaktion: Irina Mamula
WL · Herstellung: WM
Printed in Germany
ISBN: 978-3-442-21610-9

www.goldmann-verlag.de

# Inhalt

# Vorwort zur erweiterten Neuauflage

Knapp zehn Jahre nach dem Erscheinen dieses Buches war eine starke Erweiterung sinnvoll.

Das Buch über die Geistigen Gesetze hat einen großen Anklang gefunden. Denn immer mehr Menschen erkennen: Irgendwie funktioniert das Leben nach den alten, den materiellen, den besitzorientierten Spielregeln nicht mehr. Die alten Spielregeln sind Regeln des Kampfes und des Stresses. Und ein solches Leben ist nicht mehr erstrebenswert. Unsere Sehnsucht ist vielmehr: Liebe, Zufriedenheit, Freude, Glück und Lebenserfüllung. Und für ein solches Leben gelten sicher andere Regeln, andere Prinzipien, andere Gesetze.

Es gibt offensichtlich geistige, spirituelle Lebensgesetze, die zu erkennen und anzuwenden Voraussetzung ist, um das Leben in Harmonie, Gesundheit und Freude zu führen. *So gesehen sind die Geistigen Gesetze not-wendiges Werkzeug zu einem sinnvollen und erfüllten Leben.* Denn wenn ein Leben wirklich funktionieren soll, dann nur im Einklang mit den Geistigen Gesetzen.

Wenn wir etwas technisch erbauen, dann müssen wir die physikalischen Gesetze beachten. Das versteht jedes Kind.

Ein Missachten der Naturgesetze führt unweigerlich zu Katastrophen: dem Zusammenbruch einer Brücke, dem Absturz eines Flugzeuges, dem Brechen von Dämmen. Nicht anders ist es im Leben. Die Geistigen Gesetze zu missachten führt letztlich in Lebenskrisen.

In der ersten Ausgabe dieses Buches sind bereits die wesentlichen Gesetze des Lebens angesprochen worden, und sie haben vielen Menschen zu einer bewussten Lebensführung verholfen.

Bereits in meiner jährlichen Ausbildung von LebensberaterInnen hat sich die Erweiterung der Geistigen Gesetze als sinnvoll erwiesen. So kristallisierten sich mit der Zeit sieben weitere Gesetze heraus, die jetzt auch in der erweiterten Auflage dieses Lebensbuches ihren Eingang finden konnten:

- das Gesetz der Energie,
- das Gesetz der Realität,
- das Gesetz des Wohlstands,
- das Gesetz des Erfolgs,
- das Gesetz des Lernens,
- das Gesetz der Wandlung und
- das Gesetz des Bewusstseins.

Sie sind harmonisch in die bestehenden Gesetze eingegliedert worden, so dass sich auch die Reihenfolge gegenüber der Erstauflage an manchen Stellen leicht verändert hat.

Die Geistigen Gesetze zu studieren ist eine lebenslange Aufgabe. Möge Ihnen, liebe Leserin, lieber Leser, das Buch stets griffbereites Werkzeug für ein glückliches und erfülltes Leben sein.

*Ihr Kurt Tepperwein*

# Vorwort

Unser Leben ist wie die ganze Schöpfung durchdrungen von einer inneren Ordnung. Diese Ordnung gehorcht den *Geistigen Gesetzen*. Diese Geistigen Gesetze haben einen eigenen Rhythmus, und wir alle sind eingebettet in diesen Rhythmus der Schöpfung.

Unser ganzes Leben vollzieht sich in Rhythmen: einatmen und ausatmen, wachen und schlafen, aktiv sein und ruhen. Eines ist ohne das andere nicht möglich, es gehört zusammen, ist ein Ganzes, ist der Inhalt unseres Lebens. Lachen und weinen, gesund sein und krank sein, geben und nehmen, zuhören und reden, arbeiten und entspannen, alles vollzieht sich in diesem ewigen Wechsel.

Auch Raum und Zeit unterliegen diesem Rhythmus mit dem Wechsel von Tag und Nacht, Sommer und Winter, Saat und Ernte, Ebbe und Flut. Alles hat seine Zeit. Würde der Bauer zur falschen Zeit säen, er könnte nichts ernten. Es ist also wichtig, diese ewigen Gesetze zu kennen, um ihren Rhythmus sinnvoll zu nutzen.

Seit ewigen Zeiten haben Meister aus allen Kulturen uns etwas über diese Gesetze hinterlassen. Es ist an der Zeit, dieses Erbe anzutreten, es zu sichten und zu ordnen und unser Leben damit zu bereichern. Sobald ich diese Gesetze kenne, dienen sie mir, helfen mir, das Richtige zur rechten Zeit zu tun und ein erfülltes Leben zu leben.

Darum ist dies auch kein Lesebuch, sondern ein »Lebebuch«, das zur Ganzheit helfen möchte.

Wenn man glücklich ist, soll man nicht noch glücklicher sein wollen.

*Theodor Fontane*

Unsere Fehler bleiben uns immer treu, unsere guten Eigenschaften machen alle Augenblicke kleine Seitensprünge.

*Marie von Ebner-Eschenbach*

# Das Spiel des Lebens

*Die meisten Menschen betrachten das Leben als einen Kampf; aber es ist kein Kampf, sondern ein Spiel. Es ist jedoch ein Spiel, das ohne Kenntnisse der Geistigen Gesetze nicht erfolgreich gespielt werden kann.*

Das Leben ist ein Spiel, das mir zur Freude erdacht und gespielt wird, von einem allumfassenden Bewusstsein.

Ich bin seit dem Anfang aller Zeit. Meine Geburt ist nur der Beginn eines neuen Spielabschnittes im ewigen Spiel des Lebens. Das Leben lädt mich ein, mit der ganzen Schöpfung zu spielen, in der ich lebe, die mich mitbestimmt und die ich mitbestimme.

Bei diesem Spiel kann ich mich als einen untrennbaren Teil des Ganzen erkennen. Ich kann mich aber auch als »Ich« erleben, getrennt vom Ganzen. Dann erlebe ich mich als »Ego«, kann mich im Ganzen spiegeln, mein wahres Sein entdecken und als Teil des Ganzen wiedererkennen. Was sich aber in mir spiegelt, sich entdeckt und wiedererkennt, ist mein Bewusstsein, mein Wahres Selbst. Ich kann es auf jeden beliebigen Punkt konzentrieren, oder ich kann es erweitern, es allumfassend werden lassen. Ich kann es absinken lassen oder in höchste Höhen erheben: Ich bin der Schöpfer.

Alles, was ist, die ganze Schöpfung, ist eine Offenbarung des Einen, der zum »Spiel des Lebens« in die Materie gegangen ist. Evolution ist das Wiedererkennen des Einen in der Vielfalt. Das »Spiel des Lebens« bedeutet Werden in jedem Augenblick des Seins. Tief im Innersten weiß ich, ich bin das Eine, das Ganze, das alles enthält, aus dem alles kommt und in das alles eingeht am Ende der Zeit. Ich bin der Anfang und das Ziel und spiele dieses Spiel, um das Abenteuer des Lebens zu erleben. Alles Leben ist das Spiel des Einen mit sich selbst.

Ich bin freiwillig durch das »Tor der Geburt« in die Zeit dieser Welt eingetreten, um am Spiel des Lebens teilzunehmen. Dieses Spiel findet mir zur Freude statt, um mir die Möglichkeit zu geben, die Vollkommenheit meines wahren Seins zu erleben – zu werden, der ich bin und immer war. Das Spiel gibt mir nur Gelegenheit, mich zu erinnern.

Ich kann keine Kraft dieser Welt in mein Bewusstsein aufnehmen, ohne gleichzeitig mein Bewusstsein um diese Kraft zu erweitern und so immer vollkommener zu werden, bis ich wieder ganz ich selbst geworden bin. Am Anfang des Spiels erlebe ich mich als Ego, dem alles gegenübersteht, was nicht »Ich« ist. Dieses Ego äußert sich als Eigenform, als Eigenwille und Eigenbedürfnis. Sobald die scheinbare Trennung vom Ganzen von mir aufgehoben wird, erwache ich wieder zum Bewusstsein meiner Selbst.

## *Was ist Leben?*

Leben ist das allumfassende Bewusstsein, das alles Sein durchdringt und erfüllt. Daher lebt alles, was ist, und alles hat Bewusstsein. Leben ist das Wirken der einen Kraft, die wir Gott nennen.

Leben ist fließende, wirksame Energie. Wird ein Aspekt dieser Energie nicht zugelassen, entsteht ein Stau: auf der einen Seite Druck, auf der anderen Seite ein Mangel.

Lass' ich beispielsweise den Aspekt »Durchsetzungsvermögen« nicht zu, so wird sich der Mangel vielleicht darin ausdrücken, dass ich bei einer Beförderung übergangen werde, dass ich eine Stellung nicht bekomme oder ein anderes Ziel nicht erreiche. Auf der körperlichen Ebene kann Mangel als Muskelschwäche oder Zahnfleischschwund oder Haarausfall erscheinen.

Auf der anderen Seite erscheint der Druck als »Notwendigkeit« in den Lebensumständen, mich einer unerfreulichen Aussprache zu stellen, einem Gerichtsverfahren oder Ähnlichem und damit gleichzeitig als Chance, den Aspekt »Durchsetzungsvermögen« zu entwickeln, die Aufgabe zu lösen und wieder frei zu sein.

Geschieht das nicht, beginnt der Kreislauf von vorn, indem ich durch Vermeiden der unerfreulichen Aussprache Nachteile erlebe. Oder aber ich verliere in dem Gerichtsverfahren, weil ich mich nicht genügend eingesetzt habe. Dann erlebe ich verstärkt den Mangel und gerate unter immer größeren Druck. Bis irgendwann der Druck unerträglich wird, der Mangel nicht mehr auszuhalten ist – und ich endlich handele.

Die Schöpfung will mich damit nicht »ärgern«, sondern zwingt mich schmerzhaft zur Entwicklung, wenn ich sie irgendwo blockiere.

## *Was ist ein Leben?*

Ein Leben ist die Lebensdauer eines Körpers, den ich bewohne, ein kleiner Ausschnitt aus meinem ewigen Sein. Ein Schultag in der Schule des Lebens. Am Ende eines solchen Lebens löse ich mich, mein Bewusstsein, aus dem Körper und kehre zurück nach Hause, um meine Erfahrungen zu verarbeiten, meine »Hausaufgaben« zu machen und mich bereit zu machen, für neue Erfahrungen – für ein »neues« Leben in einem neuen Körper …

Was ist der Sinn des Lebens?

Der allgemeine Sinn des Lebens ist es, die Vollkommenheit meines Wahren Selbst immer vollkommener zum Ausdruck zu bringen.

Wirklich Selbst-bewusst zu leben, die Fülle des Lebens durch mich geschehen zu lassen und so wirklich den Augenblick zu erfüllen.

Der allgemeine Sinn des Lebens ist Evolution, das heißt Ent-Wicklung, damit Ent-Faltung möglich wird, die zur Erfüllung führt.

Der einzige Sinn des Lebens ist es, Erfahrungen zu machen, aus denen Erkenntnisse werden – das Einzige, was ich aus einem Leben mitnehme. Denn ich bin nackt gekommen und werde nackt gehen.

Alles, was ich hier habe, ist eine Leihgabe des Lebens an mich, die ich früher oder später, spätestens am Ende dieses Lebens zurückgeben muss.

Leben heißt also lernen. Keiner von uns kann sich in der »Schule des Lebens« drücken. Meine Aufgabe ist es aber auch, das Gelernte in Leben umzuwandeln. Nicht totes Wissen anzusammeln, sondern mein Bewusstsein zu erweitern, – damit mich selbst –, um so immer weiter zu werden, bis ich wieder allumfassend geworden bin. Das geht nur, wenn ich das Gelernte in Harmonie mit dem Leben bringe. Soweit mir das nicht gelingt, entsteht Schicksal. Unser Seinsauftrag lautet: »Ihr sollt vollkommen werden, wie der Vater im Himmel vollkommen ist«!

Ich bin auf dem Weg, sobald ich anfange zu suchen. »Suchet, so werdet ihr finden«!

Der individuelle Sinn des Lebens ist es, die Aufgabe meines Lebens zu erkennen und zu erfüllen. Zu erkennen: Ich selbst bin meine Hauptaufgabe. In der pränatalen Phase lebe ich noch einmal die ganze bisherige körperliche Entwicklung durch. Nach der Geburt erlebe ich noch einmal meine ganze Entwicklung. Erst dann ist meine Geburt ganz abgeschlossen, und ein Fortschritt wird möglich. Die meisten Menschen sterben allerdings, bevor sie ganz geboren sind, bevor die geistige Geburt abgeschlossen ist.

Zum individuellen Sinn des Lebens gehört auch, dass wir lernen, um zu lehren. Der Fortgeschrittene lernt vom Höheren und wird gleichzeitig seinem weniger erwachten Bruder zum Lehrer. So ist jeder stets gleichzeitig Schüler und Lehrer. Es ist Teil unseres Seinsauftrages, unserem Nächsten eine Chance zu sein. Es ist daher sehr sinnvoll, möglichst lange zu leben, damit die Zeitspanne für den eigentlichen Fortschritt möglichst lang ist. Dabei ist Achtsamkeit erforderlich, damit ich diese Zeitspanne möglichst optimal nutzen kann.

Unser Auftrag ist es, vom Haben über das Sein zum Schöpfungswillen zu finden. Vom Instinkt über das Ego zum Wahren Selbst – und damit zu Gott. Wer aber nicht an sich selbst arbeitet, an dem wird gearbeitet, und wer dauernd Unüberhörbares überhört und Unübersehbares übersieht, der darf sich nicht wundern, wenn ihm eines Tages Hören und Sehen vergehen. So finden wir allmählich vom Gegeneinander und Durcheinander über das Nebeneinander zum Miteinander. Dabei lernen wir nicht nur das Richtige zu tun, sondern auch das Notwendige nicht zu unter- und das Falsche nicht zuzulassen.

Wir erkennen auch, dass es nicht der Sinn des Lebens ist, das Glück für unser jeweiliges »Ich« anzustreben, sondern für unser Wahres Selbst. Das heißt, die Vollkommenheit meines Wahren Selbst immer vollkommener zum Ausdruck zu bringen und so in Harmonie mit der Schöpfung zu sein.

Nichts, was man haben kann, macht glücklich. Es gibt genug Menschen, die alles haben, aber die nicht glücklich sind.

Glücklich werden kann ich nur, indem ich bedingungslos »ja« sage zum Leben und nicht »Ja, aber …« oder gar »nein«. Wann immer ich im Leben leide, habe ich »nein« gesagt, oder »ja, aber«! Den Sinn meines Lebens kann ich aber nur erfüllen, wenn ich ihn erkenne.

Auch das Spiel des Lebens folgt bestimmten Spielregeln. Es ist so ähnlich wie im Straßenverkehr. Wenn ich ohne Führerschein Auto fahre, werde ich früher oder später Schwierigkeiten bekommen. Ich verletze die Gesetze und werde dafür zur Rechenschaft gezogen. Außerdem könnte ich sogar einen Unfall verursachen, also Disharmonie im Leben. Es ist daher wichtig, dass ich eine Fahrschule besuche, um zu lernen, mein Auto (mein Selbst) wirklich zu beherrschen.

In der Fahrschule lerne ich am Anfang die Theorie, die Verkehrsregeln der Straßenverkehrsordnung. Genau so sollte ich, bevor ich mein Selbst in Besitz nehme und in Aktion setze, die Geistigen Gesetze kennen lernen.

Dann kommt der praktische Unterricht, die Fahrstunden. Hier lerne ich, mich SELBST im Einklang mit den Geistigen Gesetzen zu verhalten, die gesammelten Erkenntnisse praktisch zu leben und die Rechte der anderen zu achten. Das ist anfangs noch recht kompliziert, wird aber bald immer mehr zur Routine.

Wenn ich dann Auto fahren kann, also wirklich mit meinem SELBST umgehen kann, wird das Leben zum Spiel. Unfälle – Disharmonien und Kollisionen mit dem Leben – werden immer seltener, bis ich endlich ganz unfallfrei fahre. Dann wird das Leben zum Spiel, das Fahren ein Vergnügen.

Doch Auto fahren kann ich erst, wenn ich eingestiegen bin, wenn ich den Weg nach innen gegangen bin. Wenn ich eins geworden bin mit mir SELBST. Dann beginnt das eigentliche Leben, das Leben als Spiel, die Leichtigkeit des Seins.

Das Spiel des Lebens wird nach festen Regeln gespielt, die wir *Geistige Gesetze* nennen. Es ist ein Spiel, dessen Regeln wir erst beim Spielen erkennen. Mit jedem Spielzug, mit jedem Schritt im Leben, habe ich die Chance, eine Regel zu erfahren – dies aber nur, wenn ich mich an die schon erkannten Regeln halte.

Solange ich lebe, muss ich mitspielen. Aber ich entscheide, ob ich als Spieler oder als Spielfigur teilnehme. Habe ich im Spiel eine Tür geöffnet, das heißt, ein Problem, also eine Aufgabe des Lebens gelöst, komme ich zum nächsten Punkt, wo ich wieder einen Schritt tun kann.

Das Leben spielt oft: »Mensch ärgere dich nicht«.
Ich finde zum Beispiel meinen Auto- oder Hausschlüssel nicht und stehe im Regen. Oder ich bin am Flughafen und habe mein Ticket oder meinen Pass vergessen. Bei all dem prüft das Leben sich selbst in mir, ob ich im richtigen Bewusstsein bin. Es führt mich in Versuchung, damit ich mich noch besser ausrichte und wirklich bewusst lebe. Gleichgültig, ob die Situation mir angenehm ist oder unangenehm, sie ist immer richtig und wichtig, um mir zu helfen, einen Schritt zu mir selbst zu tun. So ärgere ich mich so lange in solchen Situationen, bis ich erkenne, dass ärgern nicht hilft, die Aufgabe zu lösen. Es ist sogar sinnlos, stört mein Sein. Ein HOMO SAPIENS, der sich ärgert, ist ein Widerspruch in sich. Und ich erkenne: Nichts und Niemand kann mich ärgern, das kann nur ich selbst, und nur ich selbst kann es lassen.

Oder das Leben spielt: »Karriere«.
Ich bewerbe mich um eine bessere Stellung, bereite mich gründlich vor und bekomme die erwünschte Stellung. Ich bilde mich in Abendkursen weiter, werde Sachbearbeiter, Abteilungsleiter und letztlich Direktor, alles, weil ich »WER SEIN« will. Irgendwann stelle ich fest, dass die Karriereleiter nirgendwohin führt – ich bin nicht am Ziel, sondern nur am Ende, und ich erkenne:

Was ich wirklich gesucht habe, waren Selbst-Achtung und Selbst-Bewusstsein.

Oder das Leben spielt: »Monopoly«.
Ich rackere mich ab, opfere in der ersten Hälfte meines Lebens meine Gesundheit, um zu Geld zu kommen. Ich erwerbe eine Eigentumswohnung, ein eigenes Haus, einen eigenen Betrieb, Aktien usw. und gebe in der zweiten Hälfte meines Lebens das Geld wieder aus, um meine Gesundheit zurückzubekommen – meist vergeblich. Ich bemerke außerdem, dass ich dem Besitz diene, anstatt er mir, und ich erkenne:

Alles, was ich habe, ist nur eine Leihgabe des Lebens – ich kann nichts davon mitnehmen.

Denn alles, was existiert, sind nur »Spielsachen«, um das Spiel des Lebens spielen zu können: Besitz, Geld, Macht, Anerkennung, Erfolg, aber auch meine Fähigkeiten, Talente, Glück, mein Partner, meine Familie, die Kinder, sogar mein Körper. Alles werde ich hier für die anderen Spieler zurücklassen. Alles gehört zum Spiel, will mir nur helfen, mich selbst erkennen zu können.

Solange ich im Spiel des Lebens mitspiele, also selbst einen Zug mache, wenn ich an der Reihe bin, macht auch das Leben stets den nächsten Zug. Wenn ich aber nicht mehr »ziehe«, dann zieht auch das Leben nicht mehr, und es fließt nichts mehr. Sobald ich an etwas festhalte, an einem Menschen oder einer Situation, kommt das Spiel ins Stocken. Dann mache ich eine Lektion des Lebens not-wendig und bekomme »Nachhilfeunterricht« vom Leben: Auch wenn ich ein verlorenes Spiel weiterspiele, weil es für mich bequemer ist oder zumindest so scheint, verliere ich mich selbst dabei. Denn in Wahrheit spiele ich ja, um Weisheit zu gewinnen und Pluspunkte auf dem Gebiet der Liebe zu sammeln.

Denn der Schlüssel zu diesem Spiel ist die Liebe, und mit der Weisheit erkenne ich, wie ich den Schlüssel sinnvoll gebrauchen kann. Liebe und Weisheit öffnen mir alle Türen in diesem Spiel des Lebens.

Erkennt man das Leben als Spiel, kann man sich auch nicht mehr über »Schwierigkeiten« beschweren. Denn das ist ja gerade der Sinn des Spiels. Wenn mein Spielpartner beim Schach einen guten Zug oder beim Tennis einen guten Schlag macht, dann beschwere ich mich ja auch nicht, sondern das motiviert mich nur, im Spiel wirklich mein Bestes zu geben. Hätte ich einen schlechten Partner, wäre das Spiel bald langweilig. Würden wir immer nur gewinnen und nie gefordert werden, würden bald unsere Fähigkeiten nachlassen und letztlich versiegen. Erst der gute Zug meines Spielpartners ist eine Herausforderung an meine Leistung, ebenso wie das »Problem« im Leben. Jedes gelöste Problem bringt mir eine Erkenntnis und mich damit im Spiel einen Schritt weiter.

Wahre Selbst-Erkenntnis ist nur möglich durch Opfer. Indem ich opfere, was nicht zu diesem Wahren Selbst gehört, werde ich erst ich selbst. Erst wenn das Samenkorn nicht mehr daran festhält, zu bleiben, was es ist, kann es werden, was es sein soll, eine Pflanze. Erst wenn die Raupe stirbt, wird der Schmetterling geboren. Das Spiel des Lebens beruht auf ständiger Transformation, die nur durch Loslassen und Hingabe möglich wird.

Solange ich spiele, spüre ich in mir die Sehnsucht. Ich bleibe auf der Suche, die immer eine Suche nach mir selbst ist. Denn das Spiel des Lebens hat nur den einen Sinn: mir zu helfen, das Geheimnis meines wahren Seins zu entdecken. Ich brauche mich nur von meiner inneren Sehnsucht führen zu lassen, dann führt meine Seele mich zum Bewusstsein meiner eigenen Vollkommenheit, zurück zum ewigen Einssein.

Es gibt unendlich viele Wege, die wieder in diese Einheit zurückführen. Denn letztlich führt jeder Weg in diese Einheit, auch wenn es ein großer Umweg war. Ich aber bestimme, welchen Weg ich wähle, den schnellsten, den sichersten oder den bequemsten. Und ich bestimme, wann ich ihn gehe und mit welchen Schritten. So schaffe ich mir selbst mein eigenes, einmaliges Schicksal, einen »Maßanzug«, der von mir für mich geschaffen wurde. Ich habe ihn geschaffen, ich muss ihn tragen, und nur ich kann ihn ändern, das aber in jedem Augenblick meines Lebens. Ich bin der Schöpfer. Und jeder von uns ist als Mitschöpfer aufgerufen, das Leben, sein Schicksal und die Schöpfung mitzugestalten.

Hierbei ist auch der Tod nur ein Übergang auf eine andere Ebene des Spiels. Eine Runde ist gespielt, ich werte die Erfahrungen aus, die ich gemacht habe, und bereite mich vor auf eine neue Spielrunde: So erkenne ich den Tod als Krönung des Lebens und kann gelassen alles ertragen, was geringer ist. Ich erkenne, dass Gewinn oder Verlust »gleichgültig« ist, und sage bedingungslos »ja« zum Leben. Ich erkenne die immer gleichen Schritte im Spiel des Lebens:

- Meine Lebensaufgabe erkennen
- Den Augenblick erfüllen
- Erkenntnisse, also wahren Reichtum sammeln
- Selbst-Verwirklichung
- Hilfe für Mitmensch und Schöpfung sein
- Den Tod als Krönung des Lebens erkennen

So werde ich ein immer besserer Spieler beim Spiel des Lebens und kann mehr und mehr auch den anderen helfen, schneller zum Ziel zu kommen. Denn das Spiel ist erst beendet, wenn alle Mitspieler am Ziel angekommen sind. Doch ganz gleich, welches Spiel das Leben gerade spielt, es will mir immer nur ein Geschenk machen, eine Erkenntnis vermitteln, das Einzige, was ich wirklich mitnehmen kann. Die schönste Erkenntnis aber ist: »Beim Spiel des Lebens kann ich lernen und ganz werden.«

Es könnte auch eine ganz andere Schöpfung geben, eine Schöpfung, in der bereits alles vollkommen ist. In einer solchen Welt könnte keine Veränderung mehr stattfinden, weil die Ordnung bereits absolut ist. Es wäre eine statische Welt, ohne Bewegung und ohne Leben, eine Welt, in der das Spiel des Lebens nicht mehr stattfinden könnte. Sobald ich mir das einmal bewusst gemacht habe, erkenne ich auch die Vollkommenheit des Unvollkommenen.

Doch auch im Spiel des Lebens wird irgendwann einmal Vollkommenheit erreicht, zumindest die Vollkommenheit des Einzelnen. Dann wird ein Quantensprung des Bewusstseins erforderlich, der eine neue Dimension des Seins erschließt. Die eigentliche Wirklichkeit, in der ich erkenne, dass alles bis zur Vollkommenheit nur Vorbereitung war auf das eigentliche Spiel der Schöpfung. Von nun an bestimme ich nicht mehr nur mein Schicksal, sondern das Schicksal eines immer größeren Teils des Universums, bis ich mich als Ganzes, als Gott erkannt habe und bewusst das Ganze bestimme. Hat der letzte Teil von mir das Ziel erreicht, ist das Spiel aus. Ein neues Spiel beginnt.

Dabei erkenne ich, dass es in Wirklichkeit gar kein Ziel gibt. Das scheinbare Ziel ist nur ein Orientierungspunkt am Horizont, der meinem Weg die Richtung gibt. In Wirklichkeit ist der Weg das Ziel, und das scheinbare Ziel ist nur das Ende des Weges, gleichzeitig aber der Anfang eines neuen Weges. Also erkenne ich, dass es sinnlos ist, so schnell wie möglich am Ziel sein zu wollen, und genieße den Weg.

Sieh auf dein Innerstes!
Denn da ist die Quelle des Guten,
die stets wieder aufsprudeln kann,
wenn du wieder nachgräbst.
*Marc Aurel*

Der wahrhaft Liebende liebt Gott in allem
und findet Gott in allem.
*Meister Eckhart*

## Das »Ego« oder: Die Illusion des Ichs

Wer glaubst du zu sein?

Am Anfang warst du ein Teil des Seins. Um zu erleben, wer du bist, wurdest du ein individualisierter Teil des einen Bewusstseins. Du bist freiwillig durch das Tor der Geburt eingetreten in eine menschliche Existenz, um am Spiel des Lebens teilzunehmen. Mit deiner Wahl, Mensch zu sein, nahmst du auch das bewusste, menschliche Denken an. Nun ist es an der Zeit, das Experiment der Dualität, das hier auf der Erde läuft, zum Abschluss zu bringen.

Dieses Spiel der Dualität hast du vor unendlich langer Zeit begonnen. Jedes Leben, das du auf der Erde verbracht hast, lebtest du in der Illusion des Getrenntseins vom Ganzen. Du erlebtest dich als Ego. Du hast vergessen, dass das Leben ein Spiel ist, dir zur Freude erfunden, und glaubst nun, du wärest dieser Körper. Körper, Verstand, Gemüt aber sind nur deine Instrumente der Wahrnehmung, die Werkzeuge deines Handelns. Du aber bist der, der diese Werkzeuge gebraucht und beherrscht. Du bist der, der in der Tiefe deines Seins weiß.

Dieser Teil von dir, dein wahres Selbst, ist weder identisch mit dem Körper noch mit dem Denken oder Fühlen, ja nicht einmal mit dem Leben. Der Sinn des Spiels des Lebens ist es, dieses wahre Selbst zu ent-decken. Das ist die einzig wirklich wichtige Ent-Deckung, die du in diesem Leben machen kannst. Denn sie ist der Schlüssel zur Sinnerfüllung menschlicher Existenz. Wenn du dein Wahres Selbst erkannt hast, dann hast du Gott gefunden. Dann bist du am Ziel allen Suchens.

Dann brauchst du dein kleines Ich, dein Ego nicht mehr, das notwendig war, um Körper, Leben und Denken um einen individuellen Mittelpunkt zu konzentrieren, als Träger für das innewohnende Bewusstsein. Dieses kleine Ich wird dann zum Hindernis auf dem Weg zur weiteren Transformation.

Das Zeitalter des Ego geht zu Ende. Du lebst von nun an in der Erkenntnis der Wahrheit deines eigentlichen Seins, als individualisierter, aber nicht mehr getrennter Teil des einen, allumfassenden Bewusstseins. Du bist deinem wahren Wesen nach unsterblich und vollkommen.

Du bist hier, um an der Vollendung des Experiments der Dualität mitzuwirken. Das kannst du nur, wenn du zuvor die Grenzen des Ego überschreitest. Wenn du erkennst, dass du ein multidimensionales Bewusstsein bist, das auf vielen Seinsebenen existiert, von denen nur wenige deinem bewussten Denken zugänglich sind. Wann immer du wieder einen Aspekt deines wahren Selbsts entdeckst, kommst du der Wahrheit dessen einen Schritt näher, wer du wirklich bist. Dies so lange, bis du dein Wahres Sein auf allen Ebenen erkennen kannst. Da dein multidimensionales Sein außerhalb der Reichweite deines Denkens existiert, kannst du es mit deinem begrenzten Denken nicht erfassen, sondern nur als Bewusstsein »wahrnehmen«.

Dein grundlegender Irrtum war zu glauben, dass es dich gibt. Solange dieser Irrtum besteht, strebst du nach Vollkommenheit, musst du an dir arbeiten. So lange hast du Wünsche, die unausweichlich zum Leid führen. Entweder du erfährst keine Erfüllung deines Wunsches, dann leidest du. Oder noch schlimmer: Dein Wunsch geht in Erfüllung, dann leidest du erst recht. Denn die Erfüllung stillt nicht deine Sehnsucht, die in Wahrheit eine Sehnsucht nach dir selbst ist.

Was sucht der Manager auf der Karriereleiter? Der Kranke beim Wunderheiler? Der verliebte Teenager bei seinem Partner? Der Suchende bei seinem spirituellen Lehrer? Sie alle suchen nur das eine – sich selbst. Wollen endlich nach Hause kommen, wollen aufhören zu suchen. Aber du kannst erst aufhören zu suchen, wenn du gefunden hast.

Dabei ist alles im Grunde ganz einfach. Das Blatt löst sich im Herbst ganz von selbst vom Baum. Der Schnee fällt, der Frühling kommt, das Gras wächst. Alles ganz leicht, ohne Angst, ohne festhalten zu wollen. Ohne Therapie, ohne Trauma oder Reinkarnationstherapie. Das Drama ist nur eine Illusion, die Wahrheit ist einfach. Sie ist weder gut noch schlecht, sie ist einfach!

Alles ist, wie es ist, ob du nun zustimmst oder nicht. Wenn du nicht einverstanden bist, dann leidest du. Sagst du aber bedingungslos ja, hast du das Geheimnis des Glücks entdeckt.

In unzähligen Leben bist du dem Erfolg nachgejagt, hast Geld und Besitz angehäuft, Ansehen und Macht errungen und dabei deine Gesundheit verloren. Also hast du versucht, deine Gesundheit wiederzugewinnen und dich irgendwann auf den Geistigen Weg gemacht. Du hast Selbsterfahrungsgruppen mitgemacht, Encounter und Primärtherapie. Du hast dich rückführen lassen und »Ur-geschrien«. Du hast den »Kosmischen Ton« gehört und das lautlose Klatschen der einen Hand. Aber Erfüllung hast du so nicht gefunden. Und irgendwann fragst du dich:

UND NUN???

Du suchst noch immer nach dem Einen, dem ursprünglichen Zustand des Seins, nach dem wahren Leben. Alle noch so perfekten Erfindungen des menschlichen Geistes haben dich deinem Ziel keinen Schritt näher gebracht. Dabei weißt du tief innen drin, dass du alles hast, was du zu diesem wirklichen Leben brauchst. Du weißt, dass alle Probleme nur in deiner Einbildung existieren. Du weißt, dass über dem Nebel die Sonne scheint. Du willst endlich heim ins Licht. Und eines Morgens wachst du auf – und die Seifenblase ist geplatzt. Du hast alles, wonach du dich immer gesehnt hast – du bist endlich du selbst. Das ist es, wonach du immer gesucht hast, und das ist alles!

Das kann aber erst geschehen, wenn du dem Ego nicht mehr gestattest, die Illusion des Getrenntseins aufrechtzuerhalten. Wenn dein Bewusstsein so weit geworden ist, dass es alles Sein erfasst, von dem du in Wahrheit nie getrennt warst. Dein Ego hat es dir ermöglicht, am Erleben der Dualität teilzunehmen. Das ganze Spiel des Lebens ist ein Ausdruck des unbegrenzten Potenzials der »Istheit«.

Du kannst dein persönliches Erleben der Dualität transzendieren, indem du erkennst, dass alles Getrenntsein eine Illusion ist. Indem du dein Bewusstsein von der Illusion des Getrenntseins abwendest, veränderst du auch das Bewusstsein der anderen. Du erhebst sie zu sich selbst.

Die Illusion des Getrenntseins ruft Gefühle hervor, wie Habenwollen oder Ablehnung. Diese Gefühle erwachsen aus der Illusion, dass man in dieser Welt etwas besitzen oder verlieren könnte. Du besitzt nichts, denn du bist alles. Alles, was ist, ist aus der einen, einzigen Realität geschaffen worden, die du bist, und ist damit ein Teil deiner selbst. Menschen, die dir begegnen, Dinge, die dir »gehören« oder die du verlierst, all das sind Geschenke, die du dir machst, um immer neue Aspekte deines Seins zu erleben. Gewinn oder Verlust ist

»gleich-gültig«, denn das eine wie das andere ist ein Geschenk von dir an dich. In Wirklichkeit gibt es nichts zu gewinnen und nichts zu verlieren – ausgenommen die Erfahrung, wer du wirklich bist. Und die gewinnst du in jedem Fall, denn im Spiel des Lebens kannst du nur gewinnen. Dieses Spiel ist dir zu Freude geschaffen worden, also freue dich an der wunderbaren Fülle deines Seins.

Du kannst die Illusion des Getrenntseins nicht dadurch beenden, dass du eins wirst mit einem anderen Menschen. Wenn du dich mit einem anderen Menschen auch ganz eins fühlen magst, in Wirklichkeit verbinden sich nur zwei Egos zu einem größeren. Das Paar wird zur Einheit, aber um den Preis des Getrenntseins vom Rest der Welt.

Und doch kann die Einheit mit einem anderen Menschen der Anfang vom Ende des Getrenntseins und der Anfang des Einsseins mit allen werden. Dies gilt, wenn wir sie als einen ersten Schritt zur Einheit mit allen erkennen und erleben. Wenn wir daraus nicht eine neue Form der Isolation machen, sondern damit eine Tür öffnen, die herausführt aus dem kleinen Ich, dem Ego. Wird eine Beziehung so erfahren, dann blüht sie auf und trägt reiche Frucht. Wenn nicht, trägt sie den Keim der Auflösung schon in sich.

Doch um dich eins mit allem zu erkennen, brauchst du keine Beziehung. Sie ist Anfang, aber nicht Ziel. Sie ist nur sinnvoll, solange sie beide näher zu ihrem wahren Selbst führt. Eines Tages wird sie sich erfüllt haben, mag eure Liebe noch so ungetrübt sein. Wenn deine Beziehungen auf dieser Wahrheit beruhen, werden sie voller Freude sein.

Wenn du anfängst, in Kontakt mit deinem Wahren Selbst zu treten und immer mehr aus diesem Wahren Selbst heraus lebst, dann fühlt sich das Ego bedroht. Es möchte die Illusion des Getrenntseins aufrechterhalten. Es gibt dir das Gefühl, besser oder schlechter zu sein als andere, und trennt dich so von ihnen. Sobald du aber dieses Getrenntsein überwindest, wirst du bedeutende Veränderungen erleben.

Jetzt bist du aufgerufen, weise zu handeln. Kämpfe nicht gegen dein Ego, sondern mach es zu deinem Freund! Es könnte dein bester Freund werden, ja im Grunde war es das immer. Denn es war das Ego, das dich als ein guter Lehrer immer wieder in Versuchung geführt hat, um dich zu zwingen, dich klar zu entscheiden. So hat es dir geholfen, dahin zu kommen, wo du jetzt bist.

Bleibe auch jetzt sein Freund, ja vertiefe die Freundschaft! Denn wenn das Ego dein Freund ist, kann es dir helfen, den letzten Schritt zu tun: den Schritt zu dir selbst, damit du von nun an als du selbst leben kannst. Lade dein Ego zu einem geistigen Gespräch unter Freunden ein! Sage ihm, dass die bevorstehenden Veränderungen keineswegs sein Ende bedeuten. Hilf ihm, seine wahre Natur zu erkennen als einen individualisierten Teil des einen Bewusstseins! Hilf ihm zu erkennen, dass es ein Teil Gottes ist, der als Viele in Erscheinung getreten ist, um am Spiel des Lebens teilzunehmen, mit dem Ziel, sich selbst in seiner Ganzheit zu erleben.

Sobald dein Ego seine Angst verloren und seine wahre göttliche Natur erkannt hat, hast du einen wahren Freund, der dir mit Freuden helfen wird, die letzten Schritte zu tun: zu dir selbst, in die Einheit allen Seins, um zu leben, als der, der du wirklich bist.

## DU SELBST!!!

Du bist hier, um dein Wahres Selbst zum Ausdruck zu bringen, um Gott in dir und allen zu erkennen. Wann immer du zu einem Menschen in Beziehung trittst, hast du Gelegenheit, dich in ihm zu erkennen und zu lieben. Jeder, der dir begegnet, ist ein Aspekt Gottes und damit ein Teil deiner selbst – bist du Selbst. Wann immer du liebst, liebst du Gott, verehrst du die Herrlichkeit des Seins in allem, was ist. Und dein Leben wird voller Freude sein, denn du lebst in der Wirklichkeit der Wahrheit. Ist es nicht großartig, in dieser Erkenntnis von nun an zu leben als

DU SELBST???

Die Gleichgültigkeit ist eine Lähmung der Seele, ein vorzeitiger Tod.
*Anton Tschechow*

Niemand ist so arm, dass er nicht fähig wäre, an seinesgleichen Gutes zu tun.
*Paul Claudel*

# Wer bin ich?

Wenn ich in den Spiegel schaue, sehe ich einen Körper und kann sagen: »Das ist mein Körper.« Wer aber sagt das? Der Körper kann sich ja nicht selbst gehören. Es muss also jemand in diesem Körper sein, der sagt: »Das ist mein Körper.«

Der Körper ist Materie. Materie kann nicht denken, kann nicht fühlen, kann sich nicht erinnern, das kann nur Bewusstsein. Ich aber kann denken, fühlen und mich erinnern, habe Sehnsucht nach meiner eigenen Vollkommenheit. Also bin ich Bewusstsein. Ich bin nicht der Körper, nicht der Verstand, nicht das Gemüt und auch nicht das Unterbewusstsein. Ich bin nicht der Name, den ich trage, und auch nicht die Rolle, die ich spiele. *Ich bin vollkommenes, unsterbliches Bewusstsein.* Ich bin ein Teil des einen, allumfassenden Bewusstseins. Ich war immer und werde immer sein, denn ICH BIN! Ich komme aus der Einheit und bin auf dem Weg über die Vielfalt zurück zur Einheit.

Nachdem ich erkannt habe, *wer* ich bin, muss ich mich natürlich fragen: »Warum bin ich?« und »Warum bin ich so, wie ich bin?«, »Warum bin ich hier?«, »Was ist meine Aufgabe, und wie erfülle ich sie?«, »Welche Wege gibt es, und was ist das Ziel?«

Irgendwann erkenne ich in mir die Antwort: »Mensch, erkenne dich selbst, dann erkennst du Gott.« Aus dieser Antwort erkenne ich dann auch den Auftrag: »Sei Du selbst.« Das heißt, alte, überholte Verhaltensmuster bewusst zu machen und aufzulösen. Das heißt aber auch, neue, erwünschte Verhaltensmuster zu schaffen und zur Gewohnheit zu machen. Sich und anderen zu verzeihen, wo wir früher verurteilt haben. Frei zu werden und loszulassen, was nicht mehr wirklich zu uns gehört.

Wieder steigen neue Fragen auf. Wie sollte ich sein, wie bin ich gemeint? Welche Schwächen habe ich? Wie wandle ich sie am besten in Stärken um? Welche Stärken habe ich? Wie kann ich sie am besten zum Wohl des Ganzen einsetzen? Denn erst kommt das Dienen, dann das Verdienen.

Woran hänge ich noch, was sollte ich loslassen? Was hindert mich noch daran, wirklich ich selbst zu sein? Gewohnheit? Gedankenlosigkeit? Angst? Mangelnde Motivation? Unbewusstsein? Wie kann ich meine geistige Entwicklung beschleunigen? Wie kann ich Kontakt zum allumfassenden Bewusstsein, zu Gott, herstellen?

Eine Legende erzählt, dass die Gnade Gottes wie ein beständiger Regen auf die Welt niederströmt. Die meisten Menschen aber haben keinen Anteil an dieser Gnade, da ihr Bewusstsein noch nach unten geöffnet ist, zur Materie hin. So ist es die erste Aufgabe des Menschen, sein Bewusstsein nach den oberen Bereichen zu öffnen, damit er der Gnade Gottes teilhaftig werden kann. Die zweite Aufgabe ist es, das Bewusstsein ständig zu erweitern, damit jeder immer mehr Gnade empfangen kann. Denn was nutzt der ständige Regen eines Ozeans voll Gnade, wenn unser Bewusstsein nicht größer als ein Fingerhut ist?

Diese Welt ist wie eine Brücke.
Gehe hinüber, aber baue nicht
dein Haus drauf.
*Aus Indien*

# Der Sinn des Menschseins

»Ihr sollt vollkommen sein, wie der Vater im Himmel vollkommen ist.«

In diesen Worten ist unser ganzer Seinsauftrag enthalten. Das bedeutet jedoch nicht die Abkehr vom Außen, denn das Außen ist ja nur ein Spiegelbild des Innen und damit ein Teil dessen. Das Außen ist nicht Schein oder Täuschung und Versuchung, sondern unser Freund und Helfer auf dem Weg nach Innen, zu unserem Wahren Sein, der inneren Wirklichkeit. Die Sprache der Lebensumstände zeigt uns deutlich, wie weit wir auf dem Weg nach innen gekommen sind. Es zeigt uns auch rechtzeitig und unübersehbar, wenn wir von unserem Weg abkommen. Auf dem rechten Weg nach Innen können wir also auf das Außen nicht verzichten.

Wir sollen nicht eine Hälfte unseres Seins – die äußere – verleugnen oder gar verachten, denn ohne sie wäre Vollkommenheit ja gar nicht möglich. Wir können unseren Seinsauftrag nur ausführen, wenn wir das Außen harmonisch in unser Sein integrieren. Wir können unseren Weg nur sicher gehen, wenn wir unsere beiden Beine Innen und Außen gleichermaßen benutzen. Beide Extreme sind falsche Erscheinungsformen: die Verhärtung in der Materie als Satan, die Auflösung der Materie als Luzifer, was »Lichtträger« bedeutet, uns aber als Irrlicht in uns vom wahren Weg weglocken will. Sobald wir dies erkannt haben, können wir unseren Weg umso sicherer finden.

So wie wir einen Weg nur gehen können, wenn wir abwechselnd beide Beine benutzen, so müssen wir auch auf dem geistigen Weg das Gewicht mal auf das Innen, mal auf das Außen legen. Den Weg nach Innen gehen wir am besten durch den Dienst am Außen.

Ein Augenblick der Geduld
kann vor großem Unheil bewahren,
ein Augenblick der Ungeduld
ein ganzes Leben zerstören.
*Aus China*

## Die zwei Naturen des Menschen

Jeder von uns trägt zwei Naturen in sich: KAIN und ABEL. Der Name KAIN bedeutet »Besitz«. KAIN ist der ichbezogene Teil des Menschen, der habgierig und rechthaberisch ist und immer versucht, etwas in seinen Besitz zu bringen oder anderen seinen Willen aufzuzwingen.

KAIN in uns will besitzen, herrschen, sich durchsetzen.

Der Name ABEL bedeutet »Atem«. ABEL ist der geistige Teil des Menschen, seine wahre Natur, so, wie er als Mensch gemeint ist. ABEL strebt beständig nach Harmonie, Ausgleich, nach Verbesserung des Bestehenden und will in allem das Gute wecken. Diese wahre, geistige Natur des Menschen möchte in der Stille Gutes bewirken.

In der Bibel erschlägt Kain seinen Bruder Abel. Die niedere Natur des Menschen siegt noch über den Geistmenschen. Aber in Wahrheit ist Abel nicht zu töten, denn es ist unsere wahre Natur, ist der unsterbliche Gottmensch in uns allen. Aber der, mit dem wir uns identifizieren, der wirkt durch uns und bewirkt Krankheit, Schicksalsschläge und Leid oder Gesundheit, Harmonie und Glück. Es ist unsere freie Entscheidung, wen wir durch uns wirken lassen. Wir haben in jedem

Augenblick unseres Lebens die Wahl, uns neu zu entscheiden. Zum Beispiel

JETZT!!!

Menschsein heißt, Himmel und Erde verbinden. Nur im Körper haben Geist und Seele die Möglichkeit der Begegnung, da sie entgegengesetzte Kräfte sind. Geist hat das Bestreben der Konzentration zur Einheit. Seele hat das Bestreben sich auszuweiten, allumfassend zu werden, um so die Einheit zu erreichen. Das Ziel des Geistes ist das Selbst, die Einheit. Das Ziel der Seele ist das Du, die Beziehung. Das Ziel der Materie ist das Wir, das Miteinander.

Der Mensch ist ein Kraftfeld zwischen den beiden Polen Geist und Materie. Aber das Kraftfeld besteht nur durch *beide* Pole. Fällt ein Pol aus, bricht das Kraftfeld zusammen. Viele gute Menschen klagen auf dem Weg nach innen über Mangel an Kraft. Das ist stets ein Zeichen, dass die Harmonie gestört ist, dass eine Seite überbetont wird.

Vollkommenheit heißt also nicht entweder – oder. Sondern vielmehr: Sowohl – als auch.

Um das bestmögliche Material für eine Sache herauszufinden, veranlasst die Wissenschaft immer wieder zu Zerreißproben. Menschsein heißt Mensch werden, und das stellt die höchsten Anforderungen an uns. So müssen wir uns immer wieder solchen Zerreißproben auf anderen Ebenen stellen. Nach dem Motto: »Was mich nicht umwirft, macht mich stärker.« Aber selbst wenn es mich umwirft, so ist es mein Auftrag, sofort wieder aufzustehen, um mit größerer Achtsamkeit in die nächste Prüfung zu gehen. Versuchen wir aber einer solchen Probe auszuweichen, fordern wir das Leben nur heraus, uns mit einem Schicksalsschlag zu zwingen, uns der »not-wendigen« Aufgabe zu stellen. Ein Kran an sich ist sinnlos. Erst wenn er eine Last trägt, erfüllt er seinen Zweck.

Wir sollten daher unsere Aufgabe erkennen, annehmen und erfüllen. Aber nicht, um unser Karma zu verbessern oder einen besseren Platz im Himmel zu bekommen, sondern indem wir unsere Aufgabe voller Liebe erfüllen – zum Wohl des Ganzen. Handeln wir nur aus verfeinertem Egoismus, sind wir geistige Tagelöhner. Handeln wir aber aus Liebe, werden wir selbst zum Weg.

Denn das ist die ganze Aufgabe: Den Weg sehen, den Weg gehen – selbst zum Weg werden. Der Vollkommene ist wie die Sonne, die für »Gut« und »Böse« scheint. Wo immer er ist, wird die Welt lichter und liebevoller durch sein Sein. Er leuchtet, wärmt und durchlichtet alles, was in seine Nähe kommt. Er ist zum »Ebenbild Gottes« geworden und allem zum Segen.

## *Der Sinn meines Lebens*

Zu mir selbst zu erwachen.

Zu erkennen: Wer bin ich? Wo stehe ich? Wo will ich hin? Was will das Leben von mir? Wie kann ich das verwirklichen? Nicht ein anderer sein zu wollen. Mich selbst ganz zuzulassen.

Mein geistiges Erbe anzutreten und die Fülle in Besitz zu nehmen.

Zu erkennen: Ich bin der Gott eines riesigen Universums, dem Universum meines Körpers. In diesem riesigen Reich ist jeder meiner Gedanken Gesetz, bestimmt Gesundheit oder Krankheit, mein ganzes Schicksal.

Meine Aufgabe ist es, ein weiser Gott in meinem Reich zu sein.

Zu erkennen: Ich bin ein Schöpfer.

Ich kann alles erreichen, was ich *denken* und *glauben* kann.

Wenn mir mein Leben nicht gefällt, kann ich es ändern, indem ich mein Bewusstsein ändere.

Das Leben ist ein Spiel, und solange ich lebe, muss ich mitspielen. Ich entscheide selbst, ob ich als Spielfigur oder als Spieler teilnehme.

Es ist der Sinn des Lebens, auf Entdeckungsreise zu gehen, das Abenteuer Leben bewusst zu erleben und wirklich zu genießen. Denn das Spiel des Lebens findet mir zur Freude statt.

Zu erkennen, dass ich einmalig bin und einen wertvollen Beitrag zum Leben zu leisten habe, auf meine ganz besondere und einmalige Art.

Meine wahre Bestimmung zu erkennen und zu erfüllen. Die »Botschaften des Lebens« zu erkennen und zu befolgen.

Alles, was an mich herangetragen wird, sind nur »Angebote des Lebens«.

Zu erkennen, dass alle Probleme nur Aufgaben des Lebens sind, die ein Geschenk enthalten – eine Erkenntnis. Das Problem ist nur die Verpackung, das Geschenk die Erkenntnis.

Zu erkennen, dass Gewinn oder Verlust gleich-gültig sind.

Zu erkennen, dass der Platz, auf dem ich stehe, der einzig richtige ist, und den Augenblick zu erfüllen.

Leben heißt lernen.

Zu lernen, die unwiderstehliche Macht des Denkens verantwortungsbewusst zu nutzen.

Zu lernen, das Richtige zu tun, das Notwendige nicht zu unterlassen und das Falsche nicht zuzulassen.

Der Sinn des Lebens ist es, mein Leben zu leben! Dazu muss ich SELBST sein. Denn das Leben ist nur ein Spiegelbild meines So-Seins.

Lebe ich aber Rollen, Klischees, Muster etc., also etwas, das ich gar nicht bin, erlebe ich das Leben, das meinem So-Sein entspricht. Dann lebe ich folglich das Leben meiner Muster, Rollen, Programme … Darum ist es der Sinn meines Lebens, ich SELBST zu sein, um überhaupt die Chance zu haben, das Leben zu leben, für das ich inkarniert bin.

Der Sinn des Lebens ist es, in jedem Augenblick zu »sterben« und gleichzeitig neu geboren zu werden. Das heißt, dass ich selbst ewig veränderlich bin, fließend, wie das Leben selbst.

So muss ich bewusst und achtsam im Hier und Jetzt sein; ich selbst sein, mich so zum Ausdruck bringen, wie ich jetzt gerade bin. Mich gleichzeitig beobachten und mich fragen: Bin ich das wirklich selbst? Oder lebe ich eine Rolle, ein Verhaltensmuster, für das ich mich irgendwann einmal entschlossen habe? Lebe ich vielleicht gar nach der Meinung, Vorstellung, Erwartung und den Wünschen anderer?

Der Sinn des Lebens ist, zu lieben und zu leben! Offen und bereit zu sein für mich selbst.

Der Sinn meines Lebens ändert sich in jedem Augenblick. Er ist ebenso fließend wie das Leben und mein wahres Selbst. Wenn ich bewusst ich selbst bin, das lebe, was augenblicklich zu tun ist, also den Augenblick erfülle, lebe ich im Einklang mit mir und dem Leben. Dann erfülle ich den Sinn zu leben: Erkenntnis, Befreiung, Transformation, Entwicklung, Achtsamkeit, Bewusstsein, Selbst-Sein, Leben, Lieben!

Der Sinn des Lebens ist es, meine Be-rufung zu leben: Ich selbst rufe mich zu mir selbst.

Mein Seins-Auftrag ist es zu sein. Ich selbst zu sein.

Der Sinn ist es also, ein erfülltes Leben zu leben, indem ich es mit mir selbst er-fülle, in der Fülle meiner selbst lebe. Der Sinn des Lebens ist es, Verantwortung zu übernehmen. Ich bin vor mir selbst verantwortlich, ich selbst zu sein. Der Sinn des Lebens ist, heil zu sein, das heißt, ganz zu sein. Vollkommen so zu sein, wie ich jetzt bin. Heilsein, in meiner Ganzheit, in dem »Zentrum« meines Seins. Selbst-Findung, Selbst-Erkenntnis, Selbst-Vertrauen, Selbst-Verwirklichung, Selbst-Verständnis, Selbst-Beherrschung.

Der Sinn des Lebens ist es, mein geistiges Erbe anzutreten. Das heißt, meinen Ursprung zu erkennen und zu erwecken.

Mein Wahres Selbst ist der Gottesfunken. Gott sagte: »ICH

BIN, der ICH BIN.« Ich bin, also bin ich ein Teil Gottes. Denn Gott ist nichts anderes als das Leben selbst, das mein Wahres SELBST ist.

Damit habe ich aber auch die Verpflichtung und Verantwortung, der zu sein, der ich bin: ein weiser Gott meines Lebens.

Göttlich zu sein, ich selbst zu sein, heißt, schöpferisch zu sein: Kreativität, Erneuerung, das heißt, in jedem Augenblick »neu« zu sein.

Lernen heißt, zu ent-decken, dass man im Innersten schon alles weiß, und zu leben, was man ent-deckt hat.

Der Sinn des Lebens ist es, Erfahrungen zu machen, aus denen Erkenntnisse werden – das Einzige, das ich aus meinem Leben mitnehmen kann.

Meine Aufgabe ist es, das Gelernte in Leben umzuwandeln. Nicht totes Wissen anzusammeln, sondern mein Bewusstsein zu erweitern, um so immer weiter zu werden, bis auch ich allumfassend geworden bin. Die vier Naturen des Menschen, die spirituelle, mentale, emotionale und physische, zu einer harmonischen Einheit zu verschmelzen und aus dieser Einheit heraus zu handeln, im Einklang mit der Schöpfung.

Zum Sinn des Lebens gehört auch zu lernen, um zu lehren und damit meinem Nächsten Chance zu sein.

Das Schicksal ist nur ein Spiegelbild meines So-Seins. Jeder bekommt vom Schicksal das, was er verursacht.

Ganz gleich aber, was das Schicksal mir schickt, alles sind nur Chancen zu lernen. Alles will mir nur helfen und dienen. Ich kann mich jederzeit vom Rad des Schicksals befreien, indem ich meinen Eigenwillen loslasse: »Dein Wille geschehe.«

Sinn meines Lebens ist es, die Vollkommenheit meines Wahren Selbst immer vollkommener zum Ausdruck zu bringen.

Unsere einzige Bestimmung ist es, vollkommen zu werden, wie der Vater im Himmel vollkommen ist. Es ist meine Aufgabe, Wohlstand, Gesundheit, Glück und Harmonie für alle zu verwirklichen und mich für das Ganze verantwortlich zu fühlen. Aus meinem Leben ein Meisterwerk zu machen.

In der Freiheit meiner selbst zu leben bedeutet, frei zu sein, das heißt ohne Belastung und Grenzen. Das Spiel des Lebens spielen, als Entdeckungsreise, als Abenteuer. Der Sinn meines Lebens ist es, meine Einzigartigkeit immer mehr zu entdecken und zu leben. Ich selbst bin ein-malig!

Zu leben bedeutet zu geben, mich selbst, die Liebe, die ich bin. Fließen zu lassen, nicht festzuhalten.

Der Sinn meines Lebens ist es, meine Wahrheit zu finden und nach ihr zu leben. Das ist mein Geschenk an die Welt und an die anderen. Mein Beitrag, den nur ich geben und leisten kann. Mein innerstes Wissen, die Weisheit meines Wahren Selbst, der Göttlichkeit, die ich bin.

### *So erkenne ich den Sinn meines Lebens*

Ich bin mit einer bestimmten Absicht gekommen. Erfüllung kann ich nur finden, wenn ich meine Lebensaufgabe erkenne – annehme – erfülle.

Ich erkenne den Sinn meines Lebens, indem ich mich frage:

- Auf welchen Platz hat mich das Leben gestellt? Warum?
- In welche Zeit bin ich hineingeboren? Warum?
- In welchem Land bin ich geboren? Warum?
- In welcher Familie bin ich geboren? Warum?
- Mit welchen Freunden hat mich das Leben zusammengeführt?
- In welchen Lebensumständen lebe ich? Warum?
  Unter welchen Lebensumständen sollte ich leben?
  Was ist zu tun, um sie zu schaffen?
- In welche Krisen/Schwierigkeiten hat mich das Leben geführt?

- Wo bekomme ich »Nachhilfeunterricht« vom Schicksal: Lektionen – Krankheit – Leid – Schicksalsschläge?
- Worin besteht das eigentliche Problem?
  Was will das Leben damit bewirken?
  Was ist der Sinn?
- Welche Erkenntnisse habe ich daraus gewonnen?
- Welche Konsequenzen habe ich daraus gezogen?
  Welche Konsequenzen sollte ich daraus ziehen?
- Wie kann ich den Augenblick sinnvoll erfüllen?
  Zur Bewältigung meiner Vergangenheit?
  Zur optimalen Gestaltung der Gegenwart?
  Um in Zukunft den »erwünschten Endzustand« zu erreichen?
- Was wäre mein Wunschtraum?
  Welche Rolle würde ich gern im Leben spielen?
  In welcher Situation würde ich mich am wohlsten fühlen?
- Wie sieht meine »Wunschbiografie« aus?
- Was ist zu tun, um aus meinem Leben ein Meisterwerk zu machen?
  Was würde ein Meister/Buddha/Jesus jetzt in meiner Situation tun?
- Was hindert mich eigentlich noch, genau das zu tun?
  Wann bin ich bereit, das »Not-wendige« zu tun?

Entwickeln kann man sich immer nur auf ein Ziel hin.
Beim Problem ist es die Lösung.
Beim Wunsch ist es die Erfüllung.
Beim Leben ist es der SINN!

### *Was ist meine wahre Berufung?*

Ich bin mit einer bestimmten Absicht in diese Welt gekommen.

Erfüllung kann ich nur finden, wenn ich meine Berufung erkenne, annehme und erfülle.

Der Beruf sollte etwas sein, wofür man lebt, nicht wovon man lebt!!!

Keiner kann in seinem Beruf erfolgreich sein, wenn er seine Arbeit nicht liebt. Wenn Beruf und Berufung nicht identisch sind, der Selbstverwirklichung dienen und der Allgemeinheit nützen.

Der erste Schritt auf dem Geistigen Weg heißt, erst einmal in Besitz zu nehmen und sinnvoll einzusetzen, was ich schon erreicht habe, indem ich mich frage:

- Was kann ich besonders gut?
  Welche Fähigkeiten, Talente und Kräfte habe ich?
  Denn wo meine Gaben liegen, da liegen meine Aufgaben.
- Was macht mir besonders Freude?
  Was sind meine Hobbys? Meine Wünsche?
  Was möchte ich den ganzen Tag tun?
  Was »begeistert« mich?
- Welche Ausbildung habe ich?
  Welche Ausbildung sollte ich noch haben?
  In welche Krisen, Schwierigkeiten, Lektionen hat mich das Leben geführt?
  Von welchen begrenzenden Vorstellungen sollte ich mich lösen?
- Welche Chancen bietet mir das Leben, das zu tun?
  Bisher? – In diesem Augenblick? In Zukunft?
- Auf welchen Platz hat mich das Leben gestellt?
  Wie kann ich diesen Platz noch besser ausfüllen?
  Was sollte ich lernen/verlernen?

- Wenn ich mein Leben noch einmal beginnen könnte, was würde ich dann anders machen?
- Was wäre mein Wunschtraum?
  Wie sieht mein Leben als Meisterwerk aus?
- Welche Konsequenzen ergeben sich daraus?
  Was würde ich unter diesen Umständen meinem besten Freund raten?
- Was hindert mich eigentlich noch, genau das zu tun?
  Wann bin ich bereit, das »Not-wendige« zu tun?

Mache dich zum König deines Lebens!
Spiele in deinem Leben die Hauptrolle!!!

Dein Leben ist eine einmalige Melodie, die du selbst auf dem Instrument des Lebens spielst. Deine Mutter, dein Vater, deine Geschwister und Freunde, alle versuchen auf deinem Instrument ihre Melodie deines Lebens zu spielen. Aber es ist dein Leben, für das du verantwortlich bist. Ganz gleich, was für ein Lied du spielst oder spielen lässt, du trägst allein die Folgen.

Also beginne, dein Lied selbst zu bestimmen, die einmalige Melodie deines Lebens. Wenn du einmal einen falschen Ton anschlägst, dann denke daran, dass keiner, der hier ist, fehlerfrei spielt. Aber lerne aus deinen Fehlern, so dass deine Melodie immer reiner erklingt. Eine Melodie, die dir Gesundheit, Liebe, Harmonie und Freude schenkt.

Jeder Mensch, schlechthin jeder,
hat in der Welt seinen ihm – und nur ihm –
bestimmten Platz.

*Paul Anton de Legarde*

Nicht dem Leben aus dem Weg gehen!
Keinen Tag! Keiner Frage! Es ist verkehrt.
Das Leben kommt dir nach und packt dich
wieder; dies zweite Mal aber hinterrücks.

*Gorch Fock*

# Alles ist eins

Am Anfang war der Wille des Einen, viele zu sein. Sein Wille tritt als Schöpfung in Erscheinung. Alles Sein ist Ausdruck seines Willens.

Das Absolute, die eine Wirklichkeit hinter dem Schein, ist ein ewiges, allgegenwärtiges, grenzenloses, unveränderliches Prinzip, über das alles Nachdenken unmöglich ist, da wir seine allumfassende Grenzenlosigkeit mit dem Werkzeug unseres begrenzten Verstandes nicht erfassen können. Wir können diese »eine Kraft« hinter allem Sein nur durch das Dasein als das Vielfältige erkennen. Jeder menschliche Ausdruck oder Vergleich könnte es nur verkleinern. Aber es gibt diese »eine Kraft«, die allem manifestierten, begrenzten Sein vorausgeht. Wir können sie die *schöpferische Urkraft* nennen, geistige Ursache allen Seins oder GOTT.

Alles, was ist, ist das Ergebnis des Wirkens dieser schöpferischen Urkraft: Daher kann es auch nichts Totes geben – alles ist organisch und lebendig. Die ganze Schöpfung ist ein lebendiger Organismus. Diese eine Kraft, die unaufhörliche Bewegung des großen Atems, erweckt den Kosmos beim Beginn einer neuen Periode mit Hilfe zweier entgegengesetzter Kräfte, schafft so die Dualität: männlich und weiblich, positiv und negativ, geistig und körperlich. Zusammen sind sie doch nur Ausdruck des Wirkens der einen Kraft. Dieses Wirken versetzt den Kosmos von der Ebene des Ideals auf die Ebene der begrenzten Manifestation und lässt das Ideal so offenbar werden.

*Gott schuf nicht die Welt, Gott wurde die Welt!*

Alles, was ist, war und jemals sein wird, ist ewig, denn alles hat die gleiche Grundsubstanz, ist eine Manifestation des Ewigen. Der Wissenschaftler mag diese Grundsubstanz Energie nennen, der Metaphysiker Geist, der Gläubige einfach Gott. Der Grad der Schwingung bestimmt die Art der Manifestation, und jede Änderung der Schwingung bewirkt eine Veränderung der Form der Manifestation.

Alles ist beseelt. Jede Seele ist ein untrennbarer Teil der universellen Seele der Schöpfung, die selbst wieder ein Ausdruck der einen Kraft ist. Alles Sein nimmt auf seine individuelle Reise, seine Pilgerschaft durch Raum und Zeit, einen Funken dieser göttlichen Allseele mit, ohne die es kein Sein gäbe. Alles im Kosmos hat Bewusstsein, gleich, auf welcher Ebene es in Erscheinung tritt. Es gibt keine tote Materie, ebenso wenig wie es ein blindes, unbewusstes Gesetz gibt.

Nichts in dieser Welt ist Zufall, sondern alles gehorcht dem Gesetz von Ursache und Wirkung. Alles Leben ist Gesetz. Schon der Name »Kosmos« bedeutet »Ordnung« und besagt, dass alles Sein einem innewohnenden Schöpfungsplan gehorcht. Dieser Schöpfungsplan findet seinen Ausdruck in den Geistigen Gesetzen. Für die vielfältigen Ausdrucksmöglichkeiten des Lebens ist es notwendig, dass ein solcher Plan existiert, der das Zusammenleben regelt, denn schon ein einziger »unplanmäßiger« Zufall würde sonst die Ordnung des Universums durcheinander bringen und das Zusammenspiel der Kräfte stören.

Ein Engel ist ohne Namen.
Aber in jeder Stunde kann es sein,
dass er deinen Namen trägt.
*Albrecht Goes*

So sehr verlangen wir manchmal Engel
zu werden, dass wir vergessen,
gute Menschen zu sein.

## Das Gesetz der Liebe

Die Liebe ist das Grundgesetz der Kraft, die wir Gott nennen.

Wenn wir gelernt haben zu lieben und das mit der Weisheit verbinden, dann sind wir vollkommen. Solange wir auf der Erde sind, ist es unsere Aufgabe – der Sinn unseres Lebens –, lieben zu lernen. Nicht nur die Liebe zu einem Partner, sondern die allumfassende Liebe, die nichts und niemanden mehr ausschließt, um so zum Botschafter Seiner Liebe zu werden. Lieben heißt auch, seine Möglichkeiten zu nutzen, für andere Chance zu sein.

Verliebt zu sein und echte Liebe sind so verschieden wie Blüte und Frucht. Wenn es die Frucht gibt, ist die Blüte verschwunden. Liebe bedeutet verständnisvolles, bewusstes Annehmen von Unzulänglichkeiten. Liebe ist kein äußeres Tun, sondern eine grundlegende Änderung unseres Seins. Wir begegnen in der Liebe immer genau dem Partner, der uns selbst entspricht. Nur einen solchen Partner können wir nach dem Gesetz der Resonanz anziehen. Oft suchen wir nur deshalb die Liebe in einer Partnerbeziehung, weil wir unfähig sind, uns selbst zu lieben. Bewusst oder unbewusst hat jeder ein Idealbild von sich und akzeptiert daher sein Anderssein nicht.

Da das Äußere nur ein Spiegelbild des Innen ist, lehnt er auch sein Äußeres ab. Aber das Idealbild ist ein Ziel. Und ein Ziel kann man nur erreichen, indem man sich auf den Weg macht.

Das Ablehnen des eigenen So-Seins entspricht unserem Gefühl, dass wir anders gemeint sind. Wir werden aber nur anders, indem wir uns ändern. Wir haben diese Chance in jedem Augenblick. Wir können sie aber nur nutzen, wenn wir uns zunächst so annehmen, wie wir sind, und uns so lieben.

Einen Menschen zu lieben heißt, sich selbst zu geben, für den anderen das Beste zu wollen und zu wünschen, ohne dafür etwas zurück zu wollen. Liebe will geben und erfüllt sich im Geben.

Liebe ist die Freude, die wir im Gedanken an oder in der Gegenwart des geliebten Menschen empfinden. Die Freude, in seiner Nähe sein zu können, sich an ihm zu erfreuen oder mit ihm in einem gemeinsamen Tun Erfüllung zu finden.

Lieben heißt, sich zu öffnen, den anderen hereinzulassen, Anteil nehmen zu lassen an dem, was mich bewegt. Mich selbst ihm mitteilen, alles mit ihm teilen wollen. Lieben heißt, mit Freude zum Wohl des anderen und zu seiner persönlichen Entfaltung beizutragen und ganz für ihn da zu sein.

Wir sagen oft: »Ich liebe Dich«, dabei meinen wir eigentlich: »Ich brauche Dich« oder: »Verlass mich nicht«. Das zeigt nur, dass wir wirkliche Liebe noch nicht erfahren haben. Die Voraussetzung dafür ist, dass wir beginnen, uns selbst zu lieben, uns vorbehaltlos anzunehmen, so, wie wir sind, ja zu sagen zu unserem So-Sein. Das führt dazu, dass wir auch allein glücklich und zufrieden sind. Dann trifft uns auch die Kritik der anderen nicht mehr schmerzhaft, und wir sind aus der Abhängigkeit vom anderen befreit. Denn solange ich den anderen brauche, bin ich nicht wirklich frei. Haben wir uns selbst von der Angst, allein gelassen zu werden, befreit, sind wir auch fähig, unserem Partner mehr Freiheit zu geben. Dann erst wird wahre Liebe möglich, denn Liebe kann man nicht einsperren oder festhalten. Versuchen wir es, so stirbt sie. Was bleibt, ist Gewohnheit.

Wir fühlen uns zu einem anderen hingezogen, wenn er uns gleicht, weil wir dadurch Bestätigung unseres So-Seins finden. Aber auch Gegensätze ziehen sich an, wenn sie sich ergänzen. Wir brauchen und ziehen an, was uns vollkommen macht. Man kann also sagen, die grundlegenden Ähnlichkeiten einer Beziehung bilden das Fundament, die einander ergänzenden Unterschiede die Faszination.

Verliebtheit kennt extreme Stimmungsschwankungen und Eifersucht und erscheint für Außenstehende mitunter recht egoistisch, weil sie auf der Erwiderung ihrer Gefühle besteht. Verliebtheit kann für den Geliebten sehr bedrängend, fordernd, ja sogar erstickend sein und verlangt ständige Liebesbeweise. Der Verliebte will den Geliebten besitzen, ganz für sich allein haben, ist abhängig. Solange aber in der Liebe eine Abhängigkeit in irgendeiner Form besteht, ist die Beziehung noch gestört.

In der Liebe empfinde ich den Herzenswunsch, der andere möge glücklich sein, und bin bereit, alles dafür zu tun. Ihm Zeit zu geben, wenn er Zeit braucht, Aufmerksamkeit, wenn er Aufmerksamkeit braucht, und Freiheit, wenn er Freiheit braucht. In der Liebe erwarte ich nicht unbedingte Erwiderung der Gefühle, sondern handele aus einer zärtlichen Zuneigung, aus Achtung und Respekt, ja aus Bewunderung. Ich kann neben ihm noch andere Menschen lieben und gestehe ihm das gleiche Recht zu. Ich bin emotional nicht von den Reaktionen des anderen abhängig, denn ich liebe ihn unabhängig davon, ob meine Gefühle erwidert werden.

Ist Liebe eine Kunst?

Die meisten Menschen glauben, dass Liebe eine Sache des Zufalls ist, etwas, das geschieht, wenn man eben Glück hat.

Ist Lieben aber eine Kunst, dann erfordert sie Wissen um die Zusammenhänge und die Bereitschaft, das Not-wendige zu tun.

Da ist zunächst das Problem, dass die meisten Menschen sich nur für den Teil der Liebe interessieren, den sie selbst bekommen. Sie wollen vor allem selbst geliebt werden und kümmern sich weniger um ihre eigene Liebesfähigkeit.

Viele glauben auch, es gäbe nichts zu lernen, weil die Liebe abhängig vom Objekt sei und nicht von der eigenen Fähigkeit. Wenn mir nur der richtige Partner begegnet, dann kommt die Liebe von selbst, so glauben sie. Sie vergessen, dass Lieben Geben und Nehmen ist – und dass sie immer mit dem Geben beginnt. Darin besteht das größte Geheimnis der Liebe.

## *Die ideale Partnerschaft*

Wohl jeder Mensch ist auf der Suche nach dem idealen Partner, und nur wenige glauben, ihn gefunden zu haben. Der ideale Partner, der Seelenpartner, ist der, durch den beide sich optimal entwickeln können. Es ist nicht nur die Verbindung zweier Menschen, sondern *zweier Seelen*, mit allen sich daraus ergebenden Konsequenzen für das Zusammenleben und die Liebe.

Meinem Seelenpartner begegne ich auf Seelenebene, jenseits von Rollen und Erwartungen. Er wird mir so zum »Tor zum inneren Paradies«, zum Weg zu meiner eigenen Ganzheit. Ihn liebe ich so, wie er ist, und nicht, wie er meiner Meinung nach sein sollte. Das Ziel der Seelenpartnerschaft ist es, ganz ich selbst zu werden und ihm dabei zu helfen, die Denk- und Gefühlsmuster aufzulösen, die uns immer wieder auf die Ebene der Erwartungen und Rollen ziehen. Mit ihm lebe ich in einer Atmosphäre von Freiheit und Vertrauen, die erst wahre Liebe ermöglichen.

Als Seelenpartner erleben wir eine Liebe, die Freiheit gibt

und Weite schafft für die beiderseitige Entwicklung. Sie ist ein Weg, die eigene Wahrheit zu finden und ihr zu folgen. Freiheit ist auch möglich ohne die Liebe eines Partners, Liebe aber ist ohne Freiheit nicht möglich. Das heißt nicht nur, dem anderen jede Freiheit zu lassen, sondern auch selbst frei zu bleiben, ohne den anderen zu brauchen. Erst dann bin ich bei ihm, weil ich will, und nicht, weil ich muss!

Ein Mann suchte sein ganzes Leben lang nach der idealen Partnerin. Er wurde reich und berühmt, aber blieb allein. Als er alt war, fragte ihn ein Reporter, ob seine Suche keinen Erfolg gehabt habe, und er sagte: »Doch, ich habe sie gefunden. Als ich dreißig Jahre war, bin ich ihr begegnet. Aber leider suchte auch sie nach dem idealen Partner!«

So wie diesem Mann geht es vielen von uns. Wir sind auf der Suche nach dem idealen Partner und übersehen dabei, dass wir nach dem Gesetz der Resonanz den idealen Partner ja erst dann anziehen können, wenn wir selbst zum idealen Partner geworden sind. Somit ist der Partner, mit dem wir derzeit zusammen sind, genau der ideale Partner, weil er uns genau mit den Lektionen konfrontiert, die wir noch zu lernen haben, um wirklich ein idealer Partner zu sein.

Und wir machen einen weiteren Fehler. Wir suchen nach der Liebe im Außen – wir wollen geliebt werden. Unbewusst sehnen wir uns nach der Situation unserer Kindheit, als wir so geliebt wurden, wie wir waren. Wir wurden umsorgt und fühlten uns geborgen. Verständlich, dass wir dieses Gefühl des Geliebtseins und der Geborgenheit weiter erleben möchten. Doch ich kann nur so viel Liebe bekommen, wie ich selbst gebe. Die Mutterliebe war ein »Vorschuss« des Lebens, den ich als Erwachsener zurückzahlen muss, denn ich kann nur ernten, was ich gesät habe. Liebe ist wie eine einsame Berghütte; man findet nur vor, was man mitbringt. Beenden wir also den Fehler, uns nur für den Teil der Liebe zu interessieren, den wir bekommen, und fangen wir an, selbst Liebe zu geben, uns im Lieben zu erfüllen, selbst echte Liebende zu werden.

### *Die Kunst des Alleinseins*

Manche Menschen aber haben Angst vor der Einsamkeit. Sie fühlen sich ohne Partner nicht lebensfähig; sie sind unfähig, allein glücklich zu sein, und hoffen, dass ihre Einsamkeit verschwindet, wenn sie mit einem anderen leben. Zwei unglückliche Menschen werden aber nicht allein dadurch glücklich, dass sie zusammen sind. Zumal dann die Angst dazukommt, den anderen wieder zu verlieren. Angst ist keine Grundlage für wirkliche Liebe.

Alleinsein ist eine Aufgabe, die sich jedem Menschen irgendwann einmal stellt, vor der er nicht weglaufen kann, die er lösen muss. Das heißt nicht, Eremit oder Eigenbrötler zu sein. Dieses Alleinsein ist auch keine quälende Einsamkeit oder Isolation. Wenn ich die Kunst des Alleinseins beherrsche, dann bedeutet das ein hellwaches Selbst-bewusstsein, ein All-einssein. In diesem Bewusstsein bin ich den anderen und damit dem Ganzen auf eine intensive und tiefe Art verbunden, die nicht aus dem Denken kommt, sondern alle Bereiche des Seins umfasst. Dann erst bin ich autonom. Dann erst wird wahre Liebe möglich.

Dem idealen Partner aber kann ich erst begegnen, wenn ich selbst ein idealer Partner geworden bin. Meiner großen Liebe kann ich erst begegnen, wenn ich sie in mir gefunden habe. Dann brauche ich sie im Außen zwar nicht mehr, aber erst dadurch mache ich sie möglich, ziehe ich sie nach dem Resonanzgesetz an. Der Sinn einer Partnerschaft ist, dass mich der andere mit meinem Mangel konfrontiert. Dass er mir zeigt, wo ich noch nicht ganz heil bin. Die Auseinandersetzung mit dem anderen, bei dem ich bleibe, weil ich ihn liebe, soll mich also letztlich zu mir selbst führen. So ist der Partner, den ich habe, der ideale Partner für mich. Und ich für ihn. Gemeinsam sind wir auf dem Weg zu uns selbst.

Das große Glück finde ich nicht dadurch, dass ich möglichst viel Liebe von meinem Partner bekomme, sondern dadurch, dass ich meine eigene Fähigkeit optimiere, Liebe zu empfinden und zu verschenken. Solange ich selbst nicht liebe, bleibt meine Seele leer. Das Ziel einer Partnerschaft ist daher nicht das liebevoll turtelnde Paar, das ohne den anderen nicht leben kann, sondern sind im Idealfall zwei Menschen, die miteinander und aneinander »heil« geworden sind. Die sich daher nicht mehr brauchen, weil jeder alle Aspekte des anderen in sich aufgenommen hat.

### *Schritte auf dem Weg zur wahren Liebe*

Der erste Schritt auf dem Weg zur wahren Liebe besteht darin, mich dem anderen bedingungslos zuzuwenden und aus dieser Zuwendung so viel Befriedigung und Glück zu erleben, dass ich nicht mehr danach frage, was ich bekomme. Bekomme ich etwas, ist es ein zusätzliches Geschenk.

Will ich in der Liebe glücklich werden, muss ich zwei Dinge auflösen: die Angst, nicht genug geliebt zu werden; das Verlangen, den anderen besitzen zu wollen. Denn wer Angst hat und besitzen will, wird letztlich alles verlieren.

Soll meine Liebe Bestand haben, benötigt sie drei Voraussetzungen.

- Bewunderung
- Eine gemeinsame Aufgabe, die beide begeistert
- Verständnis

Will ich aber der wahren Liebe begegnen, muss ich zuerst Gott im Menschen erkennen – und zwar in allen Menschen.

Denn die wahre Liebe ist grenzenlos. Ich kann nicht den einen lieben und den anderen von meiner Liebe ausschließen.

Wahre Liebe ist also nicht meine Beziehung zu einem Gegenüber, sondern Liebe existiert ohne Gegenüber. Liebe ist einfach, durchdringt und erfüllt mich. Erst aus dieser tiefen inneren Durchdringung und dem Erkennen des Göttlichen in allem entsteht die »All-Liebe«, die nichts mehr ausschließt. Diese wahre Liebe ist das Einschwingen in das göttliche Einssein mit dem Einen in allem. Ich muss nicht lernen zu lieben, sondern ich muss nur zulassen, dass die Liebe, die meine innere Wirklichkeit ist, frei fließen kann. Es gilt nur, die Blockaden und Hindernisse aufzulösen, damit Liebe in mir geschehen kann und als Leben in Erscheinung tritt.

Wenn ich wirklich lebe, dann geschieht Liebe durch mich.

Liebe ist unser eigentliches Sein. Deshalb brauchen und können wir sie gar nicht lernen, wir brauchen sie nur zuzulassen. Ich komme zur Liebe, indem ich mehr ich selbst bin, indem ich wieder »zu mir komme«, wie ein Bewusstloser, der wieder zu sich kommt. Das geschieht, indem ich aufhöre, ständig anders sein zu wollen. Indem ich aufhöre, ein Ideal verwirklichen zu wollen, sondern erkenne, dass ich genauso gemeint bin, wie ich bin, und dass ich nur so meinen Platz ausfüllen kann, meine Aufgabe optimal lösen kann. Ich muss mich nicht verändern, sondern meine Aufgabe ist es, nur ich selbst zu sein. Dazu gehört auch, dass ich erkenne, dass die inneren Bilder, die mein Leben bestimmen, nicht von mir sind. Erst wenn ich mich von den Vorstellungen der anderen getrennt habe, kann ich anfangen, wirklich mein Leben zu leben. Dann erst kann ich mein So-Sein annehmen und bejahen. Dann erst kann ich mich wirklich lieben, und ich bin dadurch fähig, auch einen anderen zu lieben.

Dann muss ich niemanden mehr ausschließen. Dann bin ich ein Liebender geworden.

Für den Menschen gibt es nur die eine Wahrheit: die, die aus ihm einen Menschen macht.

*Antoine de Saint-Exupéry*

Sich selbst hinzugeben ist Anfang und Ende aller Lebenslehre.

*Johan Huizinga*

## Das Gesetz der Harmonie

Dieses wichtige Gesetz gleicht die verschiedenartigen Wirkungen aus und sorgt so dafür, dass die Harmonie stets erhalten bleibt oder zumindest schnell wiederhergestellt wird. Aus ihm lassen sich alle anderen Geistigen Gesetze direkt ableiten – sie sind in ihm enthalten. Das Gesetz der Harmonie sorgt auch dafür, dass die verschiedenen Wirkungen der Geistigen Gesetze letztlich wieder zur Harmonie führen.

»Jedes eine bedingt auch das andere«: – Wo viel Licht ist, da ist auch viel Schatten. Oder: Wer nimmt, dem wird genommen, und wer gibt, dem wird gegeben. Hier ist also zu unterscheiden zwischen Nehmen und Annehmen!

Dieses Gesetz ist in der ganzen Schöpfung wirksam und sichtbar. Ebenso in der Wechselwirkung von Tag und Nacht, wie im Schwung des Pendels einer Uhr. Es bewirkt, dass jede extreme Haltung nur bis zu einem gewissen Punkt geführt werden kann, bevor eine Reaktion einsetzen muss, die den Ausgleich und damit die Harmonie wiederherstellt.

Dieses Gesetz zeigt sich nicht nur in Form von Naturereignissen, sondern ebenso in unserem täglichen Leben, in allem, was uns begegnet und widerfährt: in der Partnerschaft, im

Beruf, in Krankheit und Leid ebenso wie in Gesundheit und Glück. Wo immer ein Mensch eigenwillig die Harmonie stört, führt das Gesetz unweigerlich wieder den Ausgleich herbei. Ein erster Schritt zur Harmonie ist es daher, sich so zu verhalten, dass wir Achtung vor uns selbst haben und uns in uns wohl fühlen können.

Die Kahunas, die Priester Polynesiens, haben das Gesetz der Harmonie in dem Gebot zusammengefasst: »Verletze niemanden. Störe nicht die Harmonie eines anderen, denn der andere bist du selbst«.

Das beinhaltet natürlich auch, sich selbst nicht zu verletzen, beispielsweise durch Selbstvorwürfe oder Schuldgefühle. Es beinhaltet auch, die Wahrheit nicht zu verletzen, nicht einmal durch die kleinste Unehrlichkeit. Und: alle selbstbezogene Eigenwilligkeit loszulassen, um nicht damit immer wieder die Harmonie der Schöpfung zu stören.

Es geht darum zu erkennen, wer ich wirklich bin: ein individualisierter Teil des einen, allumfassenden Bewusstseins, der durch sein Leben ein Teil zur Sinfonie der Schöpfung beiträgt.

Jeder Mensch bestimmt das Schicksal der Welt.

Alt ist man, wenn man an der Vergangenheit mehr Freude hat als an der Zukunft.

*John Knittel*

# Das Gesetz der Evolution

Das Gesetz der Evolution besagt, dass sich alles ständig verändert. *Panta rei*, sagen die Griechen: Alles fließt.

Die ganze Ordnung in der Natur, ja im gesamten Kosmos weist auf eine fortschreitende Entwicklung hin, auf ein höheres Sein. So gibt es keine zwei Dinge, Wesen oder Erscheinungen im gesamten Universum, die absolut identisch sind. Alles ist einmalig, auch dieser Augenblick. Er war noch nie und wird nie wieder sein. Die ganze Schöpfung ist eine ewige Premiere.

Das Gesetz der Evolution beinhaltet das Prinzip der Unbeständigkeit. Nichts kann so bleiben, wie es gerade ist. Nichts kann ich festhalten, denn alles, was beginnt, endet auch. Es trägt beim Beginn schon das Ende in sich, ist aber gleichzeitig der Anfang von etwas Neuem, das ebenfalls enden wird, um Neues hervorzubringen, und ist damit ewig. Denn auch das Gegenteil der Aussage ist richtig. Wenn alles, was beginnt, auch endet, dann hat das, was keinen Anfang hat, auch kein Ende: die eine Kraft, das Leben, das Sein!

Das ewige Sein, obwohl ständig im Wandel, kann weder

vermehrt noch vermindert werden – es ist. Es wandelt seine Form, seinen Ausdruck und ist doch unwandelbar. Alles, was ist, ist aus dem »Einen« gemacht, und das »Eine« ist in allem. Alles ist ein Teil des »Einen« und ist doch stets ein Ganzes.

Das Leben ist ein einziges Werden.
Sich für geworden halten, das heißt
sich töten.
*Friedrich Hebbel*

# Das Gesetz der Entsprechung

Das Gesetz der Entsprechung oder Analogie sagt: »Wie oben, so unten, wie unten, so oben. Wie im Kleinsten, so im Größten. Wie innen, so außen.« Damit sagt das Gesetz auch, dass ein bestimmter Inhalt auch immer eine bestimmte Form haben muss – Inhalt und Form sind identisch.

Habe ich Bewusstsein, dann hat auch jede Zelle Bewusstsein, jedes Sonnensystem, das ganze Universum. Alles, was ist, hat seine Entsprechung auf allen Ebenen des Seins. Indem ich mich mit einer Ebene befasse und sie erkenne, erkenne ich alle anderen Ebenen, da sie ihr entsprechen. Der Mensch als Mikrokosmos ist ein genaues Abbild des Makrokosmos. Denn wir sind nach dem Ebenbild Gottes geschaffen.

Dieses Gesetz hat Gültigkeit vom Kleinsten – dem Magnetismus, elektrischen Teilchen, Atomen, Molekülen, biologischen Zellen, Organen und Organismen – bis zum Größten, den Weltenkörpern, Sonnensystemen, Milchstraßensystemen und letztlich dem ganzen Universum. Und das gilt genauso für die feinstofflichen und geistigen Ebenen.

Hier der Versuch einer »Weltenformel«:

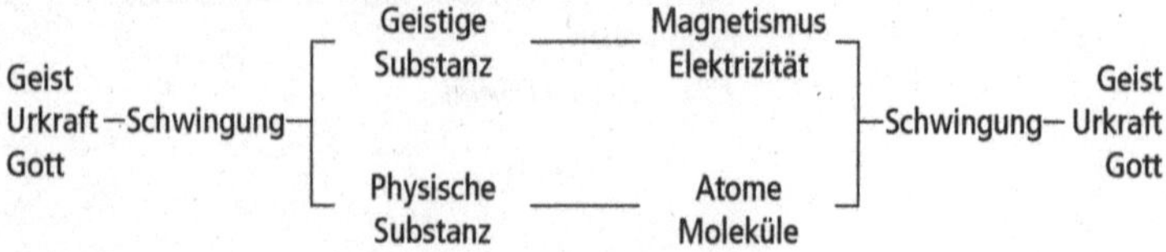


Interessant, wie Hermes Trismegistos, der Weise des Altertums, dieses Gesetz formuliert: »Dasjenige, was unten ist, ist gleich dem, welches oben ist, und dasjenige, welches oben ist, ist gleich demjenigen, welches unten ist, um zu vollbringen das Wunderwerk eines Einzigen.«

Wenn du nicht bereit bist,
dein Leben zu ändern,
kann dir nicht geholfen werden.
*Hippokrates*

## Das Gesetz der Energie

Es gibt nichts außer Energie. Alles was ist, *ist* Energie.
Es ist sehr bedeutsam, »Energie« nicht nur im engen physikalischen Sinne zu verstehen. Auch wir Menschen sind Energiefelder – Informationseinheiten. Menschen, Dinge, Umstände, Situationen, Gedanken, Gefühle, alles sind Erscheinungsformen verschiedener Schwingung von Energie.

Alles hat seinen Ausgang in der *einen Energie*, der Urenergie. Anfangs ist diese Energie reines Potenzial. Indem dieses Potenzial sich für alles in Bewegung setzt, gerät es in Schwingung, und diese unterschiedlichen Schwingungen nehmen unendlich mannigfaltige Formen an.

Ab einer bestimmten Schwingung manifestiert sich diese Energie dann als Materie. Die Polaritäten sind nur die Schwingungsspitzen der Energie. Eine besondere Form der Schwingung ist der Rhythmus. Energie als der erste Ausdruck der Wirklichkeit und Realität ist das, was die in Tätigkeit gesetzte Energie bewirkt.

Sogar die Wissenschaft ist sich einig: Alles ist Energie. Energie kann nicht verloren gehen, sie kann sich nur wandeln. Das ist als »Energie-Erhaltungs-Gesetz« bekannt.

So lautet *das Gesetz der Energie: »Alles ist Energie, es gibt nichts anderes als Energie. Energie hat ein unbegrenztes Potenzial. Alles Manifeste ist Erscheinungsform der einen Energie, und jede Form lässt sich in eine andere verwandeln.«*

Das Verständnis für das Gesetz der Energie ist bedeutsam für jeden Akt der Schöpfung:

- Wir lernen, Energien in ihrer Erscheinungsform zu wandeln.
- Wir lernen, Energien zu manifestieren, Dinge und Ereignisse aus Gedanken (einer Form der Energie) hervorzubringen.
- Wir lernen, aus dem grenzenlosen (energetischen) Potenzial der Schöpfung zu erschaffen, um es zur Entfaltung zu bringen.

Wenn ich also Energie bin, dann bin ich ewig. Und es gibt nur *eine Energie* – alles ist so eins. Ich bin das Höchste und das Niedrigste – *ich bin alles.* Ich kann so in die Energie der Erleuchtung gehen oder in die Energie der Zukunft und bin wirklich endlich frei – frei zu wählen, was immer ich will.

## *Die Energie-Sinne wecken*

Um Energien wandeln zu können, ist der erste Schritt, sich selbst als Energie wahrnehmen zu können, alles im »Außen« als Energie zu erkennen und dann diese Energie bewusst ändern zu lernen. Alle weiteren geistigen Gesetze dienen diesem Ziel. Jetzt geht es vor allem darum, Energie bewusst wahrnehmen zu können.

Ich kann die Atmosphäre eines Raumes energetisch verändern, kann bestimmte Schwingungen hineingeben oder löschen, und alles in diesem Raum reagiert sofort auf die Veränderung. So kann ich einen immer größeren Raum beeinflussen und verändern. So kann ich auch energetisch in die Zeit hinein verändernd wirken und meine Verantwortung für das Ganze erfüllen. Auf diese Weise kann ich auch in das Universelle Bewusstsein hineinwirken.

Wir sprechen von den fünf Sinnen, doch es gibt noch viel mehr. Die »Energie-Sinne« sind unsere ganz natürlichen Sinne, über die JEDER verfügt. Ich muss mir nur wieder bewusst werden, dass es so ist, und lernen, Energie wahrzunehmen.

Die Wahrnehmung mancher Energieformen ist uns vertraut. Wir nehmen Wärme wahr oder Klang, obwohl auch das nur Energie in Schwingung ist. So hat alles seine bestimmte Frequenz.

Um meinen »Energie-Sinn« zu schärfen, beginne ich damit, mir bewusst zu machen, wie ICH MICH fühle. Womit nehme ich die Energie wahr? Vor allem ALS WER nehme ich sie wahr? Als *Ego* oder als *ich selbst?* Dann beginne ich diese Frequenz zu verändern, indem ich einen freudigen Gedanken denke und bewusst die Veränderung meiner Schwingung wahrnehme. Das Gleiche gilt, wenn ich einen negativen Gedanken denke. Allein durch meine Absicht kann ich meine eigene Energie verändern, kann sie erhöhen, sie unterdrücken, labil machen oder stabilisieren. Und vor allem: Ich kann es auch wahrnehmen und spüren.

Auch meine Nahrung hat eine bestimmte Energie und Schwingung. Indem ich meine Nahrung wähle, wähle ich auch die entsprechende Energie und Schwingung, die ich aufnehme. Das macht deutlich, dass es keine für *jeden* Menschen »richtige Ernährung« gibt. Jeder nimmt die Nahrungsenergie auf, die er gerade für seinen Körper braucht.

Es ist daher viel wichtiger, die Energie der Lebensmittel wahrzunehmen als ihren Geschmack. So lerne ich, bewusst solche Lebensmittel zu wählen, die meine körpereigenen Schwingungen erhöhen, die mich froher stimmen. (Säurebil-

dende Lebensmittel machen zum Beispiel im wahrsten Sinne des Wortes »sauer«.)
So kann ich die Energie einer jeden Sache, einer Situation, eines Menschen wahrnehmen, aber auch verändern. Ich kann mir beispielsweise auch mein Traumhaus vorstellen oder andere Träume. Auch das hat eine bestimmte Energie, ist auf einer geistigen Energie-Ebene existent und wartet jetzt darauf, manifestiert zu werden. Ich kann mit meiner Vorstellung hineingehen und es verändern, dann wandelt es sich.

So hat jede Vorstellung eine bestimmte Energie und Schwingung, die ich bestimmen kann, die aber auch wieder Einfluss auf mich hat.

Machen wir uns bewusst: Alles, was ich im Außen sehe, ist *so gar nicht vorhanden*, sondern ich nehme nur *die Schwingung* wahr.

Das wird besonders deutlich bei Farben. Es gibt keine Farben, nur unterschiedliche Schwingungen, die ich wahrnehmen kann. Erst in meinem Gehirn wird aus diesen Schwingungen eine Vorstellung. Ich kann üben, die Schwingung auch mit geschlossenen Augen wahrzunehmen. Ich kann sogar etwas visualisieren, das gar nicht existiert. Ich sehe innerlich etwas, baue diese Bild-Energie auf. Ich sehe also, ohne mit den Augen selbst etwas gesehen zu haben. So ist es sogar möglich, in die Zukunft zu sehen, denn auch sie ist als Energiefeld bereits vorhanden und wahrnehmbar.

Ich kann diese unterschiedlichen Schwingungen mit den Händen fühlen, ich kann sie aber auch geistig wahrnehmen. Ich fühle dann in mir ganz deutlich die Unterschiede: Rot fühlt sich so vielleicht wärmer an, Blau kälter, Gelb weicher usw.

Aber auch Rot ist nicht gleich Rot, und so lerne ich die feinen Unterschiede zu bemerken und zu unterscheiden. Ich werde durch das Training der Energie-Sinne immer fein-sinniger.

So bin ich den Energien um mich herum nicht mehr blind ausgeliefert, sondern kann Energien auch beeinflussen, verändern, optimieren, kann mich mit einer bestimmten Energie in Resonanz, in Ein-Klang bringen, kann aber auch die andere Schwingung meiner eigenen Energie anpassen.

Ich kann mich für bestimmte Dinge resonanzfähig machen oder vermeiden, dass mich bestimmte Schwingungen erreichen können. Das alles geschieht, indem ich es als Absicht in mein Bewusstsein nehme und es so »geschehen lasse«. Denn mein Bewusstsein ist mein stärkster Energie-Sender und -Wandler, so machtvoll wie ein Laserstrahl (gebündelte, kohärente Lichtenergie).

Auch Geld, Wohlstand ist ein Bereich, mit dem ich energetisch im Ein-Klang sein kann, oder den ich durch meine Einstellung abstoße. Solange das so bleibt, habe ich keine Chance, zu Geld und Wohlstand zu kommen. Aber ich kann es ändern.

Das gilt für alles, was ich entweder in meinem Leben anziehen oder von mir fern halten möchte.

### *Sich für Beabsichtigtes resonanzfähig machen*

So kann ich mich bewusst für jede Sache, die ich erreichen will, resonanzfähig machen oder eben nicht. Meine Absicht und mein Glaube genügen, um es geschehen zu lassen. Wenn ich innerlich eine bestimmte Absicht habe, aber vom Gegenteil überzeugt bin, kann sich meine Absicht natürlich nicht verwirklichen, weil meine Kräfte gegeneinander stehen und sich gegenseitig blockieren.

So sollte ich mich vor allem für *Erfolg* resonanzfähig machen, denn jeder braucht im Leben Erfolg. Das ist *mehr* als Geld und Wohlstand, denn niemand unternimmt etwas mit der Absicht, *keinen* Erfolg haben zu wollen. Dann brauchte er es ja nicht zu tun.

Aber erstaunlich viele Menschen haben eine negative Einstellung zu Erfolg und verhindern ihn damit zuverlässig. Sie werden bei Misserfolgen traurig oder aggressiv, je nach Persönlichkeit und Charakter, ohne zu wissen, dass sie selbst die Ursache dafür sind und vor allem, dass sie das jederzeit ändern könnten.

So kann ich energetisch meine Lebensumstände, die Qualität der Ereignisse und Situationen, den Zufall, einstellen wie ein Fernsehprogramm, und wie beim Fernsehen kann ich mit der Fernbedienung nach Belieben umschalten, und das jederzeit. Wenn mir also mein »Lebensprogramm« so nicht gefällt, schalte ich einfach auf eine andere Frequenz um, und das Programm ändert sich *sofort.*

So kann sich meine geänderte Schwingung beispielsweise als Charisma manifestieren, so dass mir in den Schoß fällt, worum sich andere vergeblich bemühen. Es ist wie mit dem Denken: Ich kann Ihnen nicht erklären, wie man das macht, wie man einen Gedanken denkt und einen anderen nicht, aber jeder *kann* es und tut es einfach!

Die Absicht genügt, und es geschieht. Aber so, wie ich die ganze Zeit ohnehin denke, so ändere ich *unbewusst* ständig meine Energieschwingung. Nun geht es darum, dies *absichtlich und bewusst in der erwünschten Weise* zu tun. Ohne Ihre Fähigkeit, Energien zu handhaben, gäbe es Ihre Lebensumstände nicht, ja wären Sie selbst gar nicht vorhanden.

Sie sind hier, weil Sie in der Lage sind, Energien aus dem Reich der Gedanken in der Realität in Erscheinung treten zu lassen, etwas in Erscheinung »zu rufen«. Sie haben Ihre Gestalt grundlegend verändert, vielleicht Ihren Charakter, Ihre Gewohnheiten, Sie tun das ständig; also *können* Sie es auch. *Energie zu wandeln liegt in Ihrer Macht.*

Da jeder Mensch in einer anderen Schwingung ist, *nimmt er die Dinge auch unterschiedlich wahr,* glaubt aber, dass die Dinge so und nicht anders sind.

Beim Umgang mit der Energie lerne ich zunächst einmal, die *unerwünschten* Ereignisse nicht mehr hervorzurufen oder anzuziehen. Dann lerne ich, die *erwünschten* Ereignisse hervorzurufen und anzuziehen. Irgendwann merke ich, auch das genügt noch nicht, und ich fange an, das hervorzurufen, was *jetzt* stimmt, und lebe so im Ein-Klang mit mir und der Welt, lebe in der Stimmigkeit.

Wenn ich es glauben kann, geschieht diese Veränderung auf energetischer Ebene *unmittelbar*, im gleichen Augenblick, weil sie auf dieser Ebene nur sofort geschehen kann und keine Zeit braucht. Es sei denn, ich glaube, dass es seine Zeit braucht, dann braucht es seine Zeit. Ich kann so energetisch von einem Augenblick zum anderen *alles* ändern, und alles *ist* im gleichen Augenblick geändert. Es kommt darauf an, wie lange diese energetische Veränderung braucht, um in der Realität in Erscheinung zu treten. Es geschieht dann, wann und wenn es stimmt.

Ich muss also zunächst einmal lernen, meinen Energiezustand, meine Energiesituation wahrzunehmen, um zu erkennen, dass die Dinge gar nicht anders sein *können*, als sie sind. Nur indem ich meine Schwingung *ändere*, kann ich die Dinge verändern. Wenn ich so bleibe, wie ich bin, werde ich weiter das erleben, was ich jetzt erlebe. *Doch wenn ich mich ändere, muss sich das Leben ändern.*

Ich kann so auch meine Zukunft »ausprobieren«, indem ich in die Änderung der Energie gehe und die Zukunft schon »sehe«: Entspricht das Ergebnis meinen Erwartungen? Und weiter: In welche Frequenz müsste ich gehen, um das erwünschte Ergebnis zu erzielen? Und dann schaffe ich die entsprechende Energieschwingung, und es geschieht.

Auf diese Weise kann ich natürlich auch jede Zuneigung und jede Abneigung verändern. So kann ich jede Einstellung zu einer Sache ändern.

Um mir der entsprechenden Schwingung gewahr zu werden, mache ich mir zunächst einmal bewusst: Was mag ich besonders gern? Und wie fühlt sich *das* an? Und was mag ich gar nicht? Und wie fühlt sich *das* energetisch an? *Jetzt habe ich ein Gefühl für die Energie von Ablehnung und Anziehung.* Nun mache ich eine Liste dessen, was ich mag und nicht mag, und bekomme so ein Gefühl für die unterschiedlichen Grade der Ablehnung und Anziehung. Was mag ich, was mag ich mehr, was am meisten?

Wenn ich ein solches Gefühl der Zuneigung oder Abneigung auf einen anderen Menschen richte, wird mein Gegenüber natürlich bewusst oder unbewusst darauf reagieren. So verändere ich auch das Verhalten meiner Umwelt, ziehe sofort andere Umstände und Ereignisse an.

Doch jede Energie hat auch bestimmte »Nebenwirkungen«. Wenn ich beispielsweise einen Menschen liebe, weil er zärtlich ist, gut aussieht, weil er mich liebt, aber dieser Mensch auch eine unbewusste Abneigung gegen Geld und Erfolg hat, dann wähle ich, indem ich mich für ihn entscheide, auch ein Leben in Armut und Erfolglosigkeit. Und vielleicht wird er dadurch frustriert, mürrisch, aggressiv und verliert all die Eigenschaften, wegen derer ich ihn liebe. Ich muss also immer auch die Nebenwirkungen beachten, das *ganze* Energiefeld, das ich anziehe.

So lerne ich immer mehr, Energien sebst zu bestimmen und zu lenken und kann mir meine Lebensumstände immer mehr selbst aussuchen. Ich kann dann also für mein *ganzes* Leben bestimmen, welche Erfahrungen ich machen möchte.

### *Das Energiefeld um sich bewusst erhöhen*

Alles, was Sie umgibt, hat ein Energiefeld. Sie werden feststellen, dass Sie nach einem Gespräch mit manchen Menschen immer müde sind. Bei anderen dagegen fühlen Sie sich aufgebaut. Es gibt Energiefelder, die Sie schwächen, und Energiefelder, die Sie stärken. Achten Sie darauf, dass Sie sich immer mehr mit Energiefeldern umgeben und Energiefelder schaffen (Partnerschaft, Tätigkeit, Wohnbereich), die Sie *stärken.*

Wenn wir einen bestimmten Raum betreten, fühlen wir uns wohl oder nicht. Wenn wir einem Menschen begegnen, ist er uns sympathisch oder nicht.

Das heißt, Sie nehmen ständig Energien wahr und reagieren darauf. Indem Sie sich dessen bewusst werden, können Sie Energien und damit Ereignisse bewusst verändern: in jedem Augenblick und in jede gewünschte Richtung.

Indem ich meine Aufmerksamkeit auf etwas richte, nehme ich die Energie des anderen in mein So-Sein. Damit verändert sich meine Energie. Es ist daher wichtig, darauf zu achten, worauf ich mein Bewusstsein richte, welche Energieschwingung ich so in mein Energiefeld aufnehme. Dazu gehört natürlich auch, was ich mir im Fernsehen anschaue, was ich lese, mit wem ich umgehe, was ich esse. *Alles verändert meine Energie.* Oder denken Sie einmal daran, welche Auswirkung es hat, ein noch so liebevoll hergerichtetes Essen bei den Abendnachrichten im Fernsehen einzunehmen. Sie »essen« dabei energetisch die Nachrichten gleich mit – und das ist oft schwer verdaulich!

Wir spüren manchmal genau, dass es gelogen ist, was der andere sagt, obwohl wir das eigentlich gar nicht wissen können. Und doch stimmt es. Wir haben es energetisch als Lüge wahrgenommen. Wir glauben unserer eigenen Wahrnehmung meistens nur nicht. Später sagen wir uns dann: »Hätte ich doch nur auf meine innere Stimme gehört!« (oder auf meinen

Bauch, mein Herz – wie immer Sie diese energetische Wahrnehmung formulieren).

Es kommt darauf an zu lernen, *unsere Wahrnehmung wieder wahrzunehmen.* Das wahrzunehmen, was ich wirklich wahrnehme, und dem auch zu vertrauen. Das ist die Wirklichkeit hinter dem Schein (z. B. die Lüge hinter den Worten), was die ganzen Umstände bestimmt, was Realität erschafft.

Alle Informationen sind im Energiefeld eines Menschen oder einer Sache gespeichert und können dort jederzeit abgerufen werden, auch das, was einmal war, ja sogar das, was erst noch sein wird. So wird sogar *Erinnerung an die Zukunft* möglich.

Wir können das *alles sogar gleichzeitig* wahrnehmen: Wie war das, wie ist es jetzt und wie wird es sich entwickeln? Sie können auf diese Weise erkennen: Welche Ursache für Krankheit oder Störung liegt bereits energetisch vor und würde in Zukunft in Erscheinung treten, es sei denn, ich ändere sie jetzt?

So kann ich Energie-Lesen als *Krankheitsprophylaxe* betreiben oder als »Unkraut-Zupfen« für die Zukunft. Ich kann die Energie wieder in Harmonie bringen und Unerwünschtes gar nicht erst geschehen lassen.

## *Das eigene Potenzial entfalten*

*Ich habe aber auch eine »Ur-Schwingung«, ein bestimmtes So-Sein, das einzigartig ist und das ich wahrnehmen kann.* Wie bin ich eigentlich »gemeint«? Was ist mein ganz persönliches Energiepotenzial, das zur Entfaltung drängt? Was für ein Leben steht damit im Ein-Klang und welches nicht?

Was bedeutet es, dass dieses Energiefeld unser inneres Potenzial ist, das zur Entfaltung drängt?

1. Das innere Potenzial ist *unbegrenzt und unendlich.*

   In diesem Potenzial sind wir *eins* mit der *einen* Kraft, Teil dieser Kraft. Es gibt keine Grenze, keine Trennung zwischen »meinem Energiefeld« und dem *einen* Energiefeld. In diesem Energiefeld sind wir Mitschöpfer der Schöpfung.
2. Dieses Energiefeld ist das Feld aller Möglichkeiten. Wir haben einen *freien Willen* und können uns wünschen und erschaffen, was immer wir wollen.

   Dabei sollten wir unterscheiden, ob unser Wille aus dem *Ego* oder dem *Selbst* kommt. Bei einem egozentrischen Willen verursachen wir häufig genau das Gegenteil von dem, was wir eigentlich gewollt haben. So führt uns das Leben zu unserem *eigentlichen Wollen.* Denn je schöpfungsgerechter unser Wille ist, desto schneller und nachhaltiger manifestieren wir unsere Wünsche, unsere Bestimmung.
3. Dieses Energiefeld, dieses Potenzial, ist *unser wahres Wesen, unser Selbst, unsere Seele.* In diesem Energiefeld sind wir vollkommene Gesundheit und Heilung, Wissen und Weisheit, Lachen und Leichtigkeit, Liebe und Mitgefühl, Frieden und Harmonie, Sanftmut und Güte, Sinnhaftigkeit und Glückseligkeit, Unverwundbarkeit, ja Unsterblichkeit. Das ist ICH BIN. Alles andere ist nur Ausdruck meiner Selbstentfremdung in der Selbstvergessenheit, dem Vergessen, *wer ich bin.*
4. In diesem Energiefeld sind wir auch die *Einheit* zwischen Potenzial und Persönlichkeit. Wir sind die Einheit zwischen *Ich-Selbst* und *Ego.* In dieser Einheit gibt es keine innere Zerrissenheit mehr. Unser »Ich« ist zu einem »spirituellen Ich« transformiert.
5. *Die Pforte zu diesem Potenzial ist das Herz.* Durch das Herz kommen wir zu unserer Seele. Wenn wir aus dem Herzen leben, dann sind wir in unserer »Vollmacht«, der Macht unserer Seele, dann haben wir uns einer höheren Führung anvertraut. Dann leben wir auch unsere Lebensaufgabe,

denn unser Herz führt uns immer zu unserer Bestimmung. So wird unser Leben stimmig.

Mein Energiefeld passt sich dem an, was ich *in mein Bewusstsein nehme.* Das ist der Schlüssel für mein Leben und meine Zukunft. Ich kann mich auf meine Urschwingung einstellen, ohne sie mir genau bewusst zu machen und komme so in Einklang mit mir selbst. Dann stimmt mein Leben und meine Zukunft, ohne dass ich die Einzelheiten verändere. Ich bin im Ein-Klang mit dem Ganzen.

Wenn ich mit mir und dem Ganzen wieder übereinstimme, können alle, die mit mir in Kontakt kommen, es nutzen und sich, bewusst oder unbewusst, auch einstimmen.

Ich wirke dann wie eine Stimmgabel, die den Urton, den Kammerton A hat, nach dem sich alles ausrichten kann. Oder nehmen wir als Bild eine Funkuhr: Ich sende ein bestimmtes Signal aus, und alle, die auf Empfang sind, stimmen dann wieder mit allen überein, weil sie sich darauf einstellen. *So wird das Energiefeld, das sich im Ein-Klang befindet, immer größer, stärker und wirkungsvoller, bis alle wieder im Ein-Klang sind.*

*So wird mir meine Verantwortung bewusst* für das, was ich tue, was ich sage, esse, rede, denke, *bin.* Es ist das, was ich in mein Bewusstsein nehme.

Ich muss meiner Verantwortung für das Ganze gerecht werden. Denn erst dann bin ich stimmig und handle schöpfungsgerecht. In diesem Stimmigsein, dem Einklang mit einer Urenergie und Urschwingung, kann ich meisterhaft Energien wandeln.

Dazu muss ich bei mir selbst ankommen und angekommen leben. Dann bin ich aus diesem Ein-Klang heraus manchmal dominant und ein anderes Mal wieder ganz zurückhaltend.

Wenn ich den Umgang mit der Energie beherrsche, kann ich Ungesundes in Gesundes umwandeln, aber ich kann natürlich auch das wählen, was stimmt, und brauche nichts umzuwandeln. Wenn ich im Ein-Klang bin, ziehe ich ganz automatisch auch die Dinge an, die im Ein-Klang sind, und brauche nichts mehr zu verändern, eben *weil es einfach so stimmt.* Es wird alles ganz einfach und selbst-verständlich.

Das größte Geschenk, das Sie anderen machen können, ist das Beispiel Ihres eigenen, erfüllten, stimmigen Lebens.

Alle Geistigen Gesetze zielen im Grunde darauf ab, mit diesem Gesetz der Energie optimal umgehen zu können, Energien wandeln und optimieren zu können. Wenn wir mit diesen Gesetzen in Einklang sind, dann leben wir in Harmonie mit der Schöpfung.

Die Erinnerung ist das einzige Paradies, aus dem wir nicht vertrieben werden können.
*Jean Paul*

Die Zeit ist eine große Meisterin. Sie ordnet viele Dinge.
*Pierre Corneille*

## Das Gesetz der Schwingung

Dieses Gesetz besagt: Alles bewegt sich, nichts steht still, alles befindet sich in Schwingung. Energie und Materie sind nur Manifestationen von Schwingungen unterschiedlicher Frequenz. Selbst in der scheinbar so festen Materie sind die Moleküle in ständiger Schwingung. Genauso ist es bei Licht, Wärme oder Energie.

Jeder Gedanke, jedes Gefühl, jeder Wunsch oder Wille sind begleitet von Schwingungen unterschiedlicher Frequenz und wirken so entsprechend ihrer Kraft und ihres Inhalts. Ebenso wirkt alles auf mich, was ich wahrnehme oder mir vorstelle.

Ein Mann, der morgens in die Stadt zur Arbeit fährt und abends wieder nach Hause zurückkommt, wird »Pendler« genannt. Auch er »schwingt« mit einer Frequenz von »einmal pro Tag«. Das ist seine individuelle Eigenfrequenz. Gleichzeitig aber schlägt sein Herz mit einer Schwingung von siebzig Mal pro Minute. Sein Bewusstsein hat eine andere Schwingung als seine Gedanken oder Gefühle. Die haben wiederum eine ganz andere Schwingung als die Atome, aus denen sich sein Organismus zusammensetzt. Wir haben es also nicht nur mit jeweils einer Schwingung zu tun, sondern alles bewegt sich gleichzeitig in einer Vielzahl verschiedener Schwingungen, die wiederum ein individuelles und einmaliges Ganzes bilden.

Nichts schwingt nicht, und nichts schwingt nur in einer Schwingung. Alles beeinflusst und wird beeinflusst. Nichts kann nicht beeinflussen. Jede Schwingung ist somit auch eine Ursache und gleichzeitig eine Wirkung einer vorangegangenen Ursache. Jeder Schwingung entspricht ein Ton, eine Farbe, eine Form usw. So kann es in dieser Welt auch nicht völlige Ruhe geben, denn alles schwingt, bewegt sich – lebt!

Was da schwingt, nennen der Wissenschaftler *Energie*, der Metaphysiker *Geist* und der Gläubige *Gott*. Doch gleich, welchen Namen wir dieser Wirklichkeit geben, sie ist, und ihre Schwingungsfrequenz bestimmt die Form der Manifestation, die letztlich immer ein Ausdruck der einen Kraft ist.

Um uns die Ausdrucksformen der verschiedenen Schwingungen bewusst zu machen, stellen wir uns ein Rad vor, das sich ganz langsam um seine Achse dreht. Wir sehen die Bewegung, aber nichts ist zu hören. Nun steigert sich die Geschwindigkeit der Umdrehung, und wir hören ein tiefes Brummen. Mit steigender Geschwindigkeit nehmen wir so immer höhere Töne wahr, bis wir schließlich keinen Ton mehr hören können. Die Geschwindigkeit steigt weiter, und wir registrieren eine immer stärker ansteigende Hitze. Bei ständig steigender Geschwindigkeit erkennen wir ein dunkles Rot, das heller wird, schließlich zu Orange wird, dann in Gelb übergeht, in Grün, Blau, Lila und schließlich Violett. Die Geschwindigkeit steigt weiter, und auch das Violett löst sich auf; unsichtbare Strahlen werden von dem Objekt ausgesandt. Mit weiter steigender Geschwindigkeit werden Elektrizität und Magnetismus ausgestrahlt, und schließlich spalten sich die Moleküle und wandeln sich in die ursprünglichen Atome. Dann lösen sich auch die Atome auf in ihre verschiedenen Teilchen, und schließlich lösen sich auch diese Teilchen auf in feinstoffliche Substanz.

Wird die Frequenz weiter gesteigert – das ursprüngliche materielle Objekt hat sich längst aufgelöst –, steigert sich die Schwingung weiter, bis sie wieder eintritt in das Absolute, die letzte Wirklichkeit hinter allem Sein. In GOTT.

Was ist Energie?

Wir alle haben Energie, sonst könnten wir nicht leben. Diese Energie kann sich als körperliche Kraft zeigen, als Gesundheit oder als Ausstrahlung. Wir können mit unserer Energie andere regelrecht mitreißen.

Das Wort »Energie« kommt aus dem Griechischen und heißt »wirkende Kraft«. Die Physik definiert Energie als Kraft mal Weg. Wir verbrauchen Energie, ob wir nun arbeiten, spazieren gehen oder ruhen. Sogar unser Denken verbraucht Energie.

Energie kann weder erzeugt noch vernichtet werden, sondern nur von einer Form in die andere umgewandelt. Elektrische Energie kann in Licht oder Wärme umgewandelt werden. Nach Albert Einstein kann auch Materie in Energie und Energie in Materie umgewandelt werden, da Materie nur eine besondere Erscheinungsform von Energie ist.

Alles, was auf der Erde lebt, bezieht seine Energie von der Sonne. Die Pflanzen speichern die Sonnenenergie als chemische Energie, die von Menschen und Tieren aufgenommen wird. Jede unserer Zellen besitzt dafür regelrechte »Energiekraftwerke«, die Metochondrien. Hier wird die Nahrung mit Hilfe von Sauerstoff in ihre Bestandteile zerlegt und die darin gespeicherte Energie freigesetzt. Einen Teil dieser Energie braucht der Körper zu seiner Regeneration; den Rest spüren wir als Kraft oder Körperwärme: Wird diese Energie wie beim Laser auf ein Ziel gerichtet, vervielfacht sich diese Kraft. So kann ein Mensch, der seine ganze Energie auf ein Ziel konzentriert, nahezu alles erreichen. Denken ist das Bewegen geistiger Energie. Beharrlich bewegte Energie wird sichtbar. Jeder Gedanke hat eine biochemische und eine bioelektrische Wirkung.

Wir denken etwa 15 000 Gedanken am Tag. Die meisten sind unwichtig, viele davon sogar negativ. Aus Gedanken aber entstehen Taten. Auf negative Gedanken folgen negative Handlungen. Wenn wir die Richtung unserer Gedanken ändern, ändern wir unser ganzes Leben.

Wir können uns die sofortigen biochemischen und bioelektrischen Wirkungen eines Gedankens vor Augen führen, wenn wir uns einmal bildhaft vorstellen, wir würden in eine Zitrone beißen. Schneiden wir sie in zwei Hälften, beißen wir herzhaft hinein – und sofort produziert das Unterbewusstsein mehr Speichel, damit die vermeintliche Zitronensäure im Mund verdünnt wird. Unser Körper reagiert sofort auf jeden Gedanken mit einer Vielzahl körperlicher und gefühlsmäßiger Reaktionen.

Wir müssen daher lernen, Gedankendisziplin zu halten, denn sie ist die Voraussetzung für richtiges, bewusstes Tun.

Je höher die Energie ist, die wir bewegen, desto schädlicher sind auch die Folgen, wenn wir sie – bewusst oder unachtsam – falsch einsetzen. Macht der Botenjunge in einem Konzern einen Fehler, bekommt er von seinem Vorgesetzten einen Tadel. Macht aber der Generaldirektor einen Fehler, wackelt sein Stuhl.

Das Unterbewusstsein denkt, die Gedanken seien identisch mit dem Wunsch. So lässt es in Erscheinung treten, was immer wir denken, so wie der Acker hervorbringt, was immer der Bauer sät.

Alles, was ist, ist in Wirklichkeit verdichteter Geist. Die ganze Schöpfung ist ein Produkt dieses einen Geistes, eine Manifestation seines Gedankens.

Das Wesentliche an allem Materiellen ist also das Immaterielle, die geistige Struktur, die man beim Menschen Bewusstsein nennt. Wir alle sind von unserem wahren Wesen her reines Bewusstsein. Da wir denken können, sind wir aufgerufen, als Verantwortliche die Schöpfung mitzugestalten.

Dieser eine Geist, den wir Gott nennen, wirkt durch uns alle. Die Schöpfung ist vollkommen, aber nicht vollendet, und geschieht ständig – durch uns. Mit jedem unserer Gedanken verändern wir die Schöpfung. Solange wir nur auf die äußere Form schauen, sehen wir keine Gemeinsamkeit. Erst wenn wir an die Ursubstanz denken, aus der alles geschaffen ist, erkennen wir das Eine hinter der Vielfalt.

Schon das Wort »Substanz« gibt uns wertvolle Hinweise. Es kommt von: »sub« = unter und »stare« = stehen. Substanz ist daher etwas, das etwas anderem, Wirklicherem untersteht. Diese wirkliche Substanz ist es, aus der alles geschaffen ist, was in »Er-scheinung« getreten ist. Diese wahre Substanz steht uns überall zur Verfügung und ist bereit, in jeder gewünschten Form in »Erscheinung« zu treten, *sobald* ein Schöpfer sie prägt. Die Form, die wir unseren Gedanken geben, prägt diese eine Substanz und lässt sie in »Erscheinung« treten. Das Leben sagt immer nur JA!!!

Warum also sagen wir dem Leben nicht, was es hervorbringen soll? Was immer ein Schöpfer denkt, muss in Erscheinung treten. Der Glaube aktiviert die schöpferische Kraft in uns und zwingt die Energie, die gewünschte Form anzunehmen.

Alles, was ich denken kann, kann ich auch erreichen.

Was mir Grenzen setzt, sind immer nur mein Denken und mein Glaube. Indem ich mich öffne, mein Denken und meinen Glauben weit werden lasse, hebe ich diese Grenzen auf, und alles wird möglich. Das Wort »unmöglich« kann ich dann aus meinem Sprachschatz streichen.

Der Mensch unterscheidet sich von anderen Lebewesen

durch die Fähigkeit zu denken. Durch seine Gedanken kann der Mensch Energie und Tätigkeit freisetzen.

Alle Materie entsteht und besteht nur durch eine Kraft, welche die Atome in Schwingung bringt und sie zusammenhält. Wir müssen hinter dieser Kraft einen bewussten Geist annehmen. Dieser Geist ist der Urgrund aller Materie. Nicht sichtbare, aber vergängliche Materie ist das Wirkliche, Wahre, sondern der Geist dahinter ist die Wahrheit und Wirklichkeit.

Materie ist Energie, und Energie ist nichts anderes als die Tätigkeit des einen bewussten Geistes.

Ein Baum ohne Krone
wird nicht vom Wind geschüttelt.
*Aus Togo*

## Das Gesetz der Polarität

Dieses Gesetz besagt, dass alles, was ist, zwei Pole hat, in Wirklichkeit aber *eins* ist. Alle scheinbaren Gegensätze sind ihrem Wesen nach identisch, nur verschieden im Grad ihres Ausdrucks. Glück und Unglück, Liebe und Hass sind in Wahrheit die beiden Pole der gleichen Sache. Jede Erscheinung auf dieser Welt hat zwei Seiten. Der zwischen diesen beiden Seiten liegende Bereich aber ist eins. Sobald wir zur »EIN-SICHT« kommen, erkennen wir das eine zwischen den beiden Polen; die scheinbare Dualität verschwindet, und wir sind wieder im »EIN-KLANG« mit uns, dem Leben, der ganzen Schöpfung.

Wir erkennen das ganz leicht, wenn wir unser Bewusstsein auf die Gegensätze »kalt – heiß« richten. Nehmen wir an, draußen sind 20 Grad. Sie werden das vielleicht als weder kalt noch warm empfinden, sondern als angenehm. Ein Bewohner Zentralafrikas mag das als kalt empfinden, ein Eskimo als heiß. Und doch ist es weder das eine noch das andere.

Weil die Gegensätze ihrer wahren Natur nach eins sind, können wir sie jederzeit in ihr Gegenteil verwandeln. Hass kann so in Liebe umgewandelt werden. Ich brauche nur meinen Standort zu verändern – und alle Dinge ändern sich. Ich kann Angst in Mut umwandeln und Dunkelheit in Licht. Indem ich die Schwingung meines Bewusstseins verändere, ändere ich meinen »Standort«. Durch die Anwendung geistiger Techniken kann ich einem Menschen helfen, seine Schwäche in Stärke umzuwandeln. Dies vollzieht sich, indem er seine Bewusstseinsschwingung erhöht, denn der positive Pol hat stets eine höhere Schwingung. Durch die Erhöhung unserer Bewusstseinsschwingung verändern wir aber nicht nur uns selbst, sondern auch unser ganzes Leben, da wir ja dann, nach dem Gesetz der Resonanz, andere Ereignisse, Personen und Lebensumstände anziehen.

Indem wir die Schwingung unseres Bewusstseins erhöhen, verändern wir aber auch die Menschen, denen wir begegnen. Denn nach dem Gesetz der Resonanz stoßen wir auch in ihnen neue Bereiche an, die dadurch aktiviert werden. Wir wecken dadurch in ihnen Kräfte und Fähigkeiten, von deren Existenz sie bisher nichts wussten. Wir »wecken« so im wahrsten Sinn des Wortes das Gute im Menschen. Wir werden so selbst zum »Medikament« für den anderen – und ein Segen für die Welt.

Wer sich geistig zu einer höheren Bewusstseinsebene schwingt, verursacht damit natürlich eine entsprechende Gegenreaktion auf der niederen Bewusstseinsebene. Hält er sich jedoch weiter auf der höheren Ebene auf, kann ihn diese Gegenreaktion nicht erreichen. Dabei »ent-wickeln« wir uns zielstrebig vom »Ich-Pol« zum »Ich bin-Pol«, zu unserem wahren Sein. Wir erkennen, während wir zur EIN-SICHT kommen, dass nicht die Welt polar ist, sondern nur unser Bewusstsein. Indem ich mein Bewusstsein ändere, verändere ich meine Welt. Durch bewusste und gezielte Erhöhung der Schwingung Ihres Bewusstseins werden Sie ebenso Herr Ihrer Schwingungen wie Ihrer Gesundheit, Ihrer Lebensumstände und damit Ihres Schicksals. Sie haben Ihr Geistiges Erbe in Besitz genommen.

Das Lächeln, das du aussendest,
kehrt zu dir zurück.
*Aus Indien*

## Das Gesetz des Rhythmus

Alles Sein hat seinen individuellen Rhythmus, es steigt und fällt. Alles hat seine Gezeiten. Das Ausmaß des Pendelschwungs nach rechts entspricht dem nach links. Jedes Extrem wird durch einen Gegenschwung zum Ausgleich gebracht.

Das Gesetz des Rhythmus findet seinen Ausdruck überall in der Schöpfung. Die Nacht folgt dem Tag und umgekehrt. Dem Werden folgt das Vergehen, das wiederum ein neues Werden hervorbringt. Jedes kleinste Teilchen hat seinen individuellen Rhythmus. Alles Sein ist ein regelmäßiges Hin und Her, ein Vor- und Zurückströmen. Diese regelmäßigen Bewegungen erfolgen zwischen den beiden Polen; deshalb ist das Gesetz des Rhythmus eng verbunden mit dem Gesetz der Polarität.

Dieses Gesetz tritt in Erscheinung auch im Entstehen und Vergehen ganzer Kulturen, ebenso wie im geistig-seelischen Zustand des Menschen. Daher sollte jeder versuchen, seinen individuellen Rhythmus zu finden und nicht gegen ihn zu leben. So können wir uns vom Aufschwung unseres Rhythmus vorwärts tragen lassen. Phasen der Aktivität wechseln mit Phasen der Ruhe und Entspannung und ergeben gemeinsam Harmonie. Indem wir uns vom Aufschwung unseres Rhythmus in ein höheres Bewusstsein tragen lassen und dort bleiben, nehmen wir am unausweichlichen Gegenschwung nicht teil und können uns von der Welle des nächsten Aufschwunges noch höher tragen lassen.

Dieses Gesetz bestätigt dem Menschen seine ewige Existenz. Ganz gleich, wo er steht: Er bewegt sich zwischen Geburt, Tod und Wiedergeburt, denn Leben ist ewig.

Jede Gabe ist eine Aufgabe.
*Käthe Kollwitz*

Einen Menschen lieben heißt,
ihn so zu sehen, wie Gott ihn gemeint hat.
*Fjodor M. Dostojewski*

## Das Gesetz der Resonanz

Gleiches zieht Gleiches an und wird durch Gleiches verstärkt. Ungleiches stößt einander ab. Das Stärkere bestimmt das Schwächere und gleicht es sich an. Jeder kann nur das anziehen, was seiner derzeitigen Schwingung entspricht. Angst zieht also das an, was wir befürchten. Unser Verhalten bestimmt unsere Verhältnisse.

Wenn Sie auf einem Klavier eine Saite anschlagen, so beginnen alle jene Saiten mitzuschwingen, die einen Oberton dieser Saite darstellen, also gleichartig sind. So wird jeder Körper von allen Klängen in Schwingung versetzt, die auf seiner Eigenfrequenz liegen. Dies gilt jedoch nicht nur im Bereich der physikalischen Körper, sondern ganz besonders für den Bereich des seelischen Erlebens, in dem wir Energien, Schwingungen und Stimmungen aufnehmen, für die wir empfänglich sind. Körper oder Seelen nehmen also verwandte Schwingungen auf und stimmen in die Klänge ihrer Umgebung ein.

Das Gesetz der Resonanz ist das Gesetz der Übertragung von Energie. Denn jede Schwingung überträgt die in ihr wirkende Energie auf jeden gleichschwingenden Körper. Gleich gestimmte Körper und Seelen verstärken dadurch gegenseitig ihre eigene Schwingung und damit die ihnen wesensgleiche Energie. Je nach unserem Gestimmtsein sind so positive wie negative Beeinflussungen möglich. Alle Massenbewegungen beruhen auf der Wirkung des Resonanzgesetzes.

Es liegt jedoch in der Freiheit unserer Wahl, welchen Schwingungen wir uns öffnen, welchen wir uns verschließen, welche wir verstärken oder reduzieren. Darauf beruht die Wirkung der Mantras und der heiligen Gesänge: Wir schwingen uns durch das Singen auf die innewohnende Energie ein und lassen sie in uns wirken. Durch das Einschwingen auf diese hohen Schwingungen können wir in uns Bereiche aktivieren, die bisher zwar latent vorhanden, aber nicht wirksam waren.

So bringt uns die Intonation des Urlautes der Schöpfung, das Wort OM, in Resonanz mit der Schwingung des Höchsten in uns.

Jeder Mensch kann immer nur jene Bereiche der Wirklichkeit wahrnehmen, für die er Resonanzfähigkeit besitzt. Das gilt nicht nur für den Bereich der sinnlichen Wahrnehmung, sondern für die Wahrnehmung der gesamten Wirklichkeit. Was außerhalb seiner Resonanzfähigkeit liegt, wird von dem Menschen nicht wahrgenommen. Es existiert für ihn nicht, ist aber natürlich trotzdem vorhanden. Obwohl wir wissen, dass wir mit unseren physischen Augen nur 8 Prozent des vorhandenen Lichtspektrums sehen können, neigen wir dazu, die übrigen 92 Prozent der Wirklichkeit als nicht vorhanden anzusehen, nur weil wir sie nicht wahrnehmen können.

So werden von uns Menschen mit einer ähnlichen Einstellung ebenso angezogen wie von unserem Denken und Fühlen gemäßen Lebensumständen und Ereignissen. Wird jemand in einen Unfall verwickelt oder gerät in eine Schlägerei, dann niemals zufällig, sondern immer aufgrund der eigenen Affinität zu einem solchen Ereignis. Ohne diese Affinität hätte ein solches Ereignis sich niemals als Erlebnis für ihn manifestieren können.

Der Mensch ist in der Lage, neutrale kosmische Elektronenenergie, die überall vorhanden ist, aufzunehmen, sie mit beliebigen Gedanken oder Gefühlsenergien zu prägen und so die selbst geschaffene Schwingungsfrequenz abzustrahlen. Diese so bewusst oder unbewusst ausgestrahlte Energie zieht entsprechende Ereignisse an und bringt sie als Lebensumstände oder Erlebnisse in seinen Erfahrungsbereich zurück. Unser Denken und Fühlen ist ein »unsichtbarer Magnet«, der alles unaufhörlich anzieht, was in der Welt mit ihm übereinstimmt.

Die vorherrschenden Gedanken, Gefühle und Neigungen eines Menschen bestimmen seine geistige Atmosphäre und schaffen so eine Aura des Erfolges oder des Misserfolges um ihn. Dieses »gewisse Etwas« eines Menschen kann jeder fühlen, und er reagiert darauf mit Sympathie oder Ablehnung. Wie man ein Krankenzimmer durch entsprechende Desinfektionsmittel von Krankheitskeimen befreit, so kann man die geistige Atmosphäre eines Raumes durch bewusste positive Ausstrahlung »bereinigen«.

Wenn mich etwas ärgert, kränkt, beleidigt oder verletzt, dann nicht wegen des Verhaltens der anderen; das ist nur der Auslöser. Die Ursache liegt in mir, weil etwas von dem Verhalten des anderen – noch – in mir ist und durch sein Verhalten nur in Resonanz versetzt wird. Es ist daher nicht sinnvoll, mich über sein Verhalten zu ärgern. Sehr viel sinnvoller ist es, diese Eigenschaft in mir aufzulösen, damit sie bei nächster Gelegenheit nicht wieder in Resonanz versetzt werden kann. Gelingt das, bin ich frei von ihr.

Obwohl jeder Mensch nur eine begrenzte Resonanzfähigkeit besitzt, glaubt jeder, die gesamte Wirklichkeit wahrzunehmen. Liest jemand ein Buch, glaubt er, das ganze Buch aufgenommen zu haben. Liest er das gleiche Buch jedoch Jahre später wieder, wird er oft ganz andere Dinge daraus entnehmen. Da sich inzwischen sein Bewusstsein und damit seine Resonanzfähigkeit erweitert haben, kann er einen größeren Teil der Wirklichkeit erfassen. Es ist möglich, dass es ihm in einigen Jahren wieder so geht. Dann kann er das Buch vielleicht noch besser oder tiefer verstehen.

Durch unsere spezielle Resonanzfähigkeit erleben wir auch immer wieder einmal sonderbare »Zufälle«. Ein Musiker wird so immer wieder einmal zufällig auf der Straße einen anderen Musiker kennen lernen. Ein Wissenschaftler wird »zufällig« in einer Zeitung, die er auf einer Parkbank findet, einen Artikel seines Spezialgebietes finden. Sobald wir innerlich für eine bestimmte Erfahrung oder Begegnung reif sind, richten wir uns geistig auf eine solche Erfahrung aus, und das entsprechende Erlebnis wird uns durch das Gesetz des Schicksals zugeführt. Sind wir jedoch für ein solches Erlebnis noch nicht bereit, so wird uns auch angestrengtes Wollen und Bemühen nicht weiterbringen.

Da jeder Mensch, bedingt durch seine unterschiedliche Resonanzfähigkeit, einen anderen Teil der Wirklichkeit wahrnimmt, lebt jeder von uns in einer anderen Welt. Durch seine Resonanzfähigkeit erschafft er sich seine eigene Welt. Diese Welt hat noch niemand außer ihm je gesehen, und in dieser Welt lebt er völlig allein.

Ein Beispiel: Nehmen wir einmal an, Sie haben ein Radio, das im Sendebereich auf UKW eingestellt ist. Die anderen Einstellungsmöglichkeiten kennen Sie gar nicht. Sie können nun die ganze Bandbreite des Empfanges durchprobieren. Sie werden stets nur Programme empfangen, die auf UKW ausgestrahlt werden. Ihr Freund aber hat das gleiche Radio, das jedoch auf Mittelwelle eingestellt ist. Nun unterhalten Sie sich mit Ihrem Freund über das Programm. Das aber, wovon er spricht, können Sie beim besten Willen nicht wahrnehmen, und er versteht nicht, wovon Sie sprechen, denn Ihre Beschreibung passt wiederum nicht auf »sein« Programm. Dabei müssten Sie eigentlich nur lernen, sich auf die gleiche Frequenz einzustellen, das heißt, auf einen anderen Knopf zu drücken, und schon würden Sie sich verstehen. Es kommt auf unseren Apparat und unsere Einstellung an, welche Nachrichten, Bilder und Einstellungen wir empfangen.

Wie wir im Radio oder Fernsehen ein anderes Programm einstellen, wenn wir Lust dazu verspüren, so können wir auch im Leben durch eine veränderte innere Einstellung andere Lebensumstände anziehen. Bevor wir Erfolg haben, müssen wir uns erst innerlich für den Erfolg bereitmachen. Sind wir der festen inneren Überzeugung, dass wir erfolgreich sind, werden wir mit glücklichen »Zufällen« geradezu überhäuft.

Durch das Gesetz der Resonanz erhält auch das Gesetz der Fülle einen ganz neuen Aspekt. Es zeigt uns, dass wir nur so viel erhalten *können*, wie wir in der Lage sind anzunehmen, und von der Qualität, die der Schwingung unseres Bewusstseins entspricht. Aber was immer wir im Bewusstsein lange genug festhalten, ist gezwungen, in der Außenwelt Tatsache zu werden.

Selbst wenn ich nicht bewusst denke: »Ich bin arm«, bin aber in diese Welt gekommen mit der unbewussten Neigung, im Muster »Armut« zu denken, werde ich auch im Außen arm bleiben – solange ich diese Denkungsweise nicht bewusst ändere. Denn auch wenn ich das Gesetz der Resonanz nicht kenne oder sein Funktionieren nicht verstehe, wirkt es trotzdem.

Es genügt, sich bewusst zu machen, dass man etwas wirklich braucht – und man wird es in kurzer Zeit, auf oft wunderbare Weise bekommen. Vielleicht befassen Sie sich plötzlich mit einem ausgefallenen Thema, und Sie bekommen ebenso unerwartet von jemandem ein Buch zu genau diesem

Thema geschenkt. Kurz darauf lesen Sie zum ersten Mal etwas darüber in einer Illustrierten, und bei einem Freund stellen Sie im Gespräch fest, dass er sich schon länger für das gleiche Thema interessiert. Hinter solchen »Zufallsketten« steckt immer das Gesetz der Resonanz. Ohne die innere Bereitschaft ist alles Suchen im Außen sinnlos. Mit dieser Bereitschaft wird alles Suchen überflüssig. Das, was Sie wirklich brauchen, findet Sie. Lassen Sie sich finden!

Wir sind umgeben und eingetaucht in vollkommenes, gesundes, harmonisches und glückliches Leben, können davon aber nur so viel durch uns verwirklichen, wie es unserem Bewusstsein zu erfassen möglich ist. Erfassen aber heißt glauben. Nur mein Glaube begrenzt die Verwirklichung der Fülle des Lebens.

Kann Gott einen Stein erschaffen,
der so schwer ist, dass er ihn selbst
nicht heben kann?
Vielleicht, wenn ER es will.

Ob du glaubst, du kannst es oder du
kannst es nicht – *du hast Recht.*

*Henry Ford*

## Das Gesetz der Realität

Wenn wir daran gehen, die Welt nach unseren eigenen Träumen zu verändern, hören wir oft die Worte: »Sei kein Träumer, sondern realistisch!« Wie können wir unsere Träume verwirklichen und *gleichzeitig* realistisch sein? Denn Träume lassen sich natürlich nirgendwo anders realisieren als in der Realität. *Wie kommen also die Träume in die Realität?*

Die Wissenschaft hat gezeigt, dass der Mensch nicht das wahrnimmt, was da ist, sondern das, *wovon er glaubt,* dass es da ist. Jeder trägt seine Brille, die die Welt anders erscheinen lässt. Wir sehen auch nicht mit den Augen, sondern in Wirklichkeit mit dem Gehirn. Denn die Retina übermittelt dem Gehirn nur die Signale der empfangenen Lichtreize. Erst *im Gehirn* werden diese Reize zu Farben und Formen zusammengefügt, *interpretiert.*

In Wirklichkeit gibt es also weder Licht noch Farbe, sondern lediglich Energie verschiedener Schwingung. Wir können also zunächst einmal sagen, dass Realität *an sich nicht existiert.* Sie entsteht erst durch unsere »Übersetzung«, unsere »Interpretation der Schwingungen«. Realität ist aber auch nur *scheinbar Schein.* Sobald wir uns mit der *Wirklichkeit hinter dem Schein* befassen, müssen wir uns darauf vorbereiten, in *eine völlig andere Welt* einzutreten. In dieser neuen Welt müssen wir erkennen, dass die Schöpfung in jedem Augenblick »im Kopf« neu beginnt, dass sich jeder seine Realität selbst ausdenkt oder »ein-bildet«. Das zeigt gleichzeitig *die Einheit von Materie, Geist und Realität.*

Und doch ist Realität weit mehr als nur Schein. Das zeigt uns auch die Weisheit der Sprache.

Das Wort »Realität« enthält die Silben *»re«* und *»al«. »Re«* oder *»ra«* war im alten Ägypten die Bezeichnung für den Sonnengott, als Symbol für die Quelle der Energie, der Schwingung, des Lichtes. *»Al«* weist auf das All, das Universum, das Ganze. Das Wort Realität bedeutet also, »das Ganze« oder »alles ist Energie verschiedener Schwingung«. Das ist Realität.

In der Bibel heißt es im Buch Genesis: »Im Anfang schuf Gott Himmel und Erde«. Dort steht nicht: *»Am* Anfang«. Das Original heißt: *»Beraschτ«: »be«* bedeutet tatsächlich *»im«* und *»rasch«* »Kopf«. So wäre der Originaltext besser übersetzt mit: *»Im Kopf* schuf Gott Himmel und Erde.«

An anderer Stelle heißt es: »Am Anfang war das Wort.« Das Original sagt: »Am Anfang war der *logos.«* Das bedeutet zwar auch Wort, aber an erster Stelle *Gedanke.* So muss es richtig heißen: »Am Anfang war der Gedanke.«

Realität entsteht also im Kopf, ist ein Produkt des Gedankens und manifestiert sich in einer *Erscheinung, einer Erscheinungsform.*

## *Wirklichkeit und Realität*

Aber es ist eine Illusion, zu glauben, dass die Illusion eine Illusion sei. Was die großen Weisen der Welt »Maya«, also Schein, Täuschung nennen, bedeutet nicht, dass sie nicht wirklich existiert. Es bedeutet nur, dass sie nicht ist, was sie zu sein scheint (Realität), und dass hinter dem Schein die *Wirklichkeit* steht, ja, dass der Schein aus Wirklichkeit besteht.

*In Wirklichkeit ist alles Wirklichkeit*, es erscheint nur anders, als es ist. In Wirklichkeit gibt es nur die *eine* Wirklichkeit, und alles, was ist, ist eine Erscheinungsform dieser einen Wirklichkeit.

Illusion und Wirklichkeit sind in Wirklichkeit das Gleiche, denn jede Erscheinungsform der Wirklichkeit ist Illusion, aber bleibt doch dabei immer die *eine Wirklichkeit.* Die Illusion ist die zur Realität gewordene »Inkarnation der Wirklichkeit«. Die Illusion der Erscheinung gibt der »unveränderlichen Wirklichkeit« die Möglichkeit der scheinbaren Veränderung. *Schaue auf die Illusion und du siehst die Wirklichkeit.* Das heißt Eintauchen in die Welt des wirklichen Seins.

Doch auch aus der Illusion (Realität) entstehen Illusionen (Illusionen der Realität). So entsteht aus der Illusion des Selbst die Illusion eines Ego. Sobald wir in einer Illusion leben, die nicht mehr unmittelbar aus der Wirklichkeit stammt, entsteht Leid, weil wir uns zu weit von unserer Wirklichkeit entfernt haben, um uns aufzufordern, wieder zum ursprünglichen Spiel zurückzukehren. Ich bin in Wirklichkeit unmanifestierte, ewige Existenz, die als reines, eigenschaftsloses Sein in Erscheinung tritt. Dieses eigenschaftslose Sein schafft sich in jeder Inkarnation aus seiner bisherigen Erfahrung und den Prägungen der Umwelt eine konkrete Persönlichkeit und nimmt dabei durch Identifikation die Eigenschaften an, die auf dem Weg der Erfahrung der eigenen Vollkommenheit hilfreich erscheinen.

Es gibt ein »Universelles Bewusstsein«, das sich in einem permanenten Bewusstwerdungsprozess befindet, einer ständigen Evolution, die von der unbewussten zur bewussten Vollkommenheit des Seins führt. Jeder Einzelne von uns trägt mit jedem Gedanken, mit jeder Erkenntnis zu diesem Bewusstwerdungsprozess bei. Auch unser Verstand hat seine eigentliche Aufgabe noch nicht gefunden und ist ebenfalls in einer ständigen Evolution. Das zeigt die Tatsache, dass wir nur etwa 15 Prozent der Gehirnkapazität nutzen. Die restlichen 85 Prozent warten noch auf ihre eigentliche Aufgabe.

Die Aufgabe, die nun unmittelbar vor uns liegt, besteht darin, *Realität in einem permanenten Schöpfungsprozess ständig und bewusst neu zu gestalten.* Maßstab der Zukunft ist nicht mehr die Realität, sondern das Ideal, die Vollkommenheit. Realität wird ständig in diese Richtung neu bestimmt.

Machen wir uns also noch einmal den wichtigen Unterschied zwischen Wirklichkeit und Realität bewusst, es ist das *Gesetz der Realität: »Realität ist das, was geschaffen wurde, Wirklichkeit ist das, was erschafft.«* Das heißt, das zukünftige Ideal bestimmt die Realität der Gegenwart.

## *Vom Bereits zum Noch-nicht*

Wir müssen uns aus dem »Gefängnis der Gegebenheiten« befreien und *Realität als einen vorübergehenden Zustand der Schöpfung* erkennen, der darauf wartet, immer besser der Vollkommenheit angepasst zu werden.

Die so genannten »Tatsachen« werden immer unwichtiger, weil sie nur Durchgangsstationen zum Eigentlichen sind.

Immer wichtiger wird dabei *die Macht des Glaubens*, denn Realität ist nicht einfach, sondern wird »herbeigeglaubt«. Unwichtig dabei ist auch, wie unwahrscheinlich die gewünschte Realität ist, denn alles ist gleichermaßen möglich. So fordert ein bekannter Spruch auf: »Sei realistisch, glaube das Unmögliche!«

In einer Art »Durch-Blick« können wir lernen, in der Realität der Gegenwart die Vollkommenheit der Zukunft zu sehen, so wie ein Bildhauer im Steinblock die »wartende« Statue erkennt. *Dieser Blick fürs Wesentliche, das Erkennen der Wirklichkeit hinter dem Schein, ist zu üben und zur ständigen Gewohnheit zu machen.*

Der Verstand überschreitet dabei seine eigenen Grenzen und lernt, dass das *Noch-nicht* eine größere und wichtigere Tatsache ist als das *Bereits*. Das ist die mentale Heimat der Ratio der Zukunft, die bereits in der Gegenwart dringend gebraucht wird. Es entsteht so ein *Supra-Bewusstsein*, das in einer ständigen Verbindung zum Universellen Bewusstsein ist.

Dabei löst sich auch der »Interpretierer« der Realität in uns auf, der ständig das Bereits beurteilt. Dieser »Richter in uns« löst sich auf, weil Urteile über das Gegenwärtige nicht mehr gebraucht werden, weil der Blick schon auf das *Noch-nicht* gerichtet ist. Im gleichen Maße, wie wir in der Realität unseren Blick auf das Noch-nicht als *eigentliche Wirklichkeit* richten, in dem Maße wird unsere eigene Persönlichkeit transparent. Das »Derzeit« wird als Übergangszustand zur Vollkommenheit erkannt, die jedoch nicht beschleunigt herbeizuführen ist, sondern nur ein Ziel ist, um jeden Entwicklungsschritt bewusst zu erleben. Wir treiben es nicht voran, sondern genießen jeden augenblicklichen Stand der Vollkommenheit der Realität.

Vollkommenheit ist nur eine der jederzeit erreichbaren Möglichkeiten, was wir als Realität in Erscheinung treten lassen können, der letzte Schritt, nachdem wir alle anderen Möglichkeiten ausgeschöpft haben, soweit sie uns interessierten. Unser Bewusstsein bekommt damit eine Kompetenz, die es bisher nicht hatte.

Dabei erkennen wir auch, dass *Zeit keine Illusion ist, sondern die Seele der Evolution.* Wirklichkeit ist zeitlos, doch der Lebensraum der Seele ist die sich wandelnde Realität.

*Wissen* hat auf diesem Weg auch nur einen begrenzten Wert,

denn es befasst sich immer nur mit dem Bereits und weniger mit dem viel wichtigeren Noch-nicht. Wissen ist auch im eigentlichen Sinne nicht wahr, denn es befasst sich mit *etwas, das bereits vergeht, sobald es ist.* Wir sind dabei, zum zweiten Mal vom »Baum der Erkenntnis« zu essen und uns als permanente Mitschöpfer des Universums zu erkennen. Die Entlassung des Interpretierers und Richters in uns ist auch deshalb so wichtig, weil er dafür sorgt, dass von der Ratio nur das verarbeitet wird, was weitgehend mit dem Bekannten übereinstimmt. Alles wirklich Neue wird einfach ausgeblendet und nicht wahrgenommen. Das führt zu einer generellen »funktionellen Neuorganisation der Ratio«. Es ist *der Schritt vom linearen über das holistische zum universellen Denken.*

*Die eigentliche Realität ist also nicht die Materie, sondern Energie, die durch unterschiedliche Schwingungen entsprechende Formen im Außen »in Erscheinung« treten lässt.*

Der Ursprung der Realität aber ist der Geist, der die Realität »denkt«. Deshalb sind Träumer die eigentlichen Realisten. Und die »Realisten« sind die Menschen von gestern, die ein Auto steuern, indem sie nur in den Rückspiegel schauen.

Unsere Gedanken sind Energien, die durch ihre Schwingung die Ereignisse im Außen erst schaffen oder jederzeit verändern können. Gedanken sind also nicht etwas, das sich nur in unserem Kopf abspielt, sondern *die Schöpfung entsteht realistischerweise »in unserem Kopf« und wird dann zur RE-AL-ITÄT.*

Da jeder Gedanke ein Energiepotenzial ist, hat *jeder* Gedanke die Tendenz, sich zu verwirklichen. Je größer dabei das Energiepotenzial Ihrer Gedanken ist, desto machtvoller werden Sie sich auch gegen äußeren Widerstand durchsetzen. Was immer Sie denken oder jemals gedacht haben, nichts geht verloren, und *alles* kommt zu Ihnen zurück: als Ereignis,

Situation oder Umstand. Denn Energie geht nie verloren, sondern sucht wie ein Bergbach den Weg in die Realität.

So gibt es auch keine Ungerechtigkeit, denn es kann nur das auf Sie zurückkommen, was Sie zuvor, bewusst oder meist unbewusst, ausgesendet haben. *Sie* sind sogar der Urheber für jeden Zu-Fall, der Ihnen zufällt.

Realität ist daher jederzeit durch den Geist frei zu bestimmen. Es gibt unendlich viele Möglichkeiten, viele »Filme« aber nur einen Video-Rekorder. Sie müssen sich daher entscheiden, *was* Sie »in Erscheinung« treten lassen wollen, und das sollten Sie *bewusst* tun.

Wir können also sagen, Realität entsteht durch »zielgerichtete Energie« und Gedanken sind wirklichkeitschaffende, zielgerichtete Schöpfer von Realität. Schöpfung geschieht so in jedem Augenblick, denn wir machen uns jeden Augenblick Gedanken!

Jeder Mensch verfügt über begrenzte und unbegrenzte Intelligenz, und es ist seine Entscheidung, von welcher er Gebrauch macht, von seinem begrenzten und damit begrenzenden Intellekt oder seiner potenziell unbegrenzten universellen Intelligenz. Verständlich, dass wir mit dem begrenzten Denken nicht die Aufgaben des unbegrenzten Lebens lösen können. Es ist daher unverzichtbar, dass wir endlich zu *Bewusstsein* kommen und von unserem grenzenlosen Schöpfungspotenzial Gebrauch machen.

## *Bewusstsein und Realität*

Bewusstheit ist formlos und grenzenlos und ewig. Es ist wie die Urenergie vollkommenes Potenzial, der Ursprung für alles, was ist. Tritt *Bewusstheit* in Raum und Zeit ein, wird es *Bewusstsein.* Leben ist Bewusstsein im Wandel.

Das Bewusstsein besitzt die Fähigkeit zu erschaffen, etwas

»in Erscheinung« zu rufen – Dinge, Situationen, Ereignisse, Begegnungen, Zufälle usw. Und es besitzt die Fähigkeit, alle Kreationen wieder aufzulösen – zu »ent-schöpfen«. Schöpfen ist der Schritt vom Bewusstsein zur Existenz, und Ent-schöpfen oder Löschen ist der Schritt von der Existenz zum Bewusstsein.

*Der Weg des Bewusstseins ist, zu erleben, was ist – ohne jede Bewertung und ohne jedes Urteil.* Denn durch Bewertung entsteht Verhaftung mit dem Geschaffenen, ist die Schöpfung blockiert.

Alle Lebensumstände entstehen aus dem schöpferischen Potenzial des Bewusstseins. Indem das Bewusstsein eine *Absicht* hat, entsteht Realität.

Durch wertfreies Erleben wird diese Realität wieder aufgelöst – ent-schöpft. *Bewusstsein, das seine Selbst-Identifikation vergisst und sich mit seiner Schöpfung identifiziert, z. B. mit seinem Körper, verliert die Fähigkeit, zu schöpfen und zu entschöpfen.*

Solange eine Schöpfung nicht »in Erscheinung getreten« ist, kann sie einfach »gelöscht« werden. Sobald sie sich manifestiert hat, wird sie gelöscht (überwunden im Sinne von loslassen) durch wertfreies Erleben.

Das ganze Universum ist als eine Schöpfung des *Einen Bewusstseins* entstanden. Das ganze Universum ist erfüllt mit einer Energie, die bereit ist, in jeder Form in Erscheinung zu treten, die ihr ein Schöpfer gibt.

Auch *die Überzeugung* des Bewusstseins, *sein Glaube*, ist eine Schöpfung und damit eine Ursache. »Einem jeden geschieht nach seinem Glauben.« Jeder erfährt als Tatsache, wovon er tief innen überzeugt ist. Die Über-Zeugung *zeugt* die Realität. *Das heißt, die Realität folgt der Überzeugung.* Wenn ich glaube, dass das nicht so ist, ist es nicht so, was beweist, dass es doch so ist.

Vergangenheit und Zukunft sind nur Vorstellungen. Tatsächlich gibt es nur das JETZT, die zeitlose Gegenwart. Vergangenheit und Zukunft entstehen, indem ich glaube, dass es sie gibt. Die Realität folgt auch hier der Vorstellung. Wahrheit ist daher relativ zu dem Standpunkt, den ich einnehme, und dem Grad des Bewusstseins, mit dem ich mich identifiziere. Jeder hat von seinem Standpunkt aus Recht.

Wenn ich glaube, dass es eine innere und eine äußere Realität gibt, dann gibt es sie dadurch auch. Ob ich glaube, etwas zu schaffen oder nicht, ich behalte in beiden Fällen Recht. Da Realität eine Illusion ist, kann sich jeder seine eigene Illusion schaffen, seine eigene Welt, das wirkt jedoch häufig sehr massiv.

Durch Überzeugung und Glauben entsteht Realität. Sie sind der Ursprung, der Schöpfer Ihrer Realität. Der Ursprung des Ursprungs aber ist das Eine Bewusstsein, das so als universeller Schöpfer in Erscheinung tritt.

Wir sind unglaublich machtvolle Schöpfer. Wir sind sogar so machtvoll, dass wir uns durch die einfache Überzeugung »Da bin ich machtlos« tatsächlich machtlos machen können.

Doch haben wir in jedem Augenblick die Macht, diese Überzeugung wieder zu ändern, und wir sind wieder »in der Vollmacht«. *Die individuelle Schöpfung beginnt mit der Wahl einer Überzeugung und endet mit dem wertfreien Erleben der eigenen Kreation.*

*Weigert sich ein Schöpfer, seine Kreation zu erleben, bleibt sie so lange existent, bis er sie erfahren hat.* Ein Grund für die Weigerung, seine eigene Kreation zu erleben, könnte sein, dass ein Schöpfer in der Zwischenzeit seinen Standpunkt gewechselt hat und von dort aus vielleicht gar nicht mehr erkennt, dass er selbst der Schöpfer dieser Kreation ist. Irgendwann aber erfährt jeder, dass seine Überzeugungen unmittelbare Konsequenzen für sein Leben haben.

Um etwas real werden zu lassen, manifestieren zu können, muss ich daran glauben. Damit es für andere real wird, müssen sie daran glauben. Wir erschaffen Möglichkeiten, indem wir uns in sie hinein »überzeugen«.

Sobald man entdeckt, dass man für seine Schöpfungen selbst verantwortlich ist, entsteht heitere Gelassenheit und eine unerschütterliche Souveränität. Widerstand gegen die Übernahme der vollen Verantwortung für die eigenen Schöpfungen erzeugt dagegen Leid. Lassen Sie das, womit Sie sich jetzt identifizieren, nicht dem im Weg stehen, was Sie wirklich sind.

*Die »Schule des Lebens« ist der Weg, den das Bewusstsein wählt, sich an sich selbst zu erinnern.* Sie sind nicht Ihre Vorstellung von sich – es sei denn, Sie glauben das. In Wirklichkeit sind Sie nichts, was Sie denken oder wahrnehmen können – Sie sind der, der wahrnimmt und denkt.

Alle Schöpfung geschieht *innerhalb der Bewusstheit.* Indem Bewusstheit beschließt, nur die eigene Kreation zu erleben und sich nicht mehr von ihr zu lösen, wird sie zu einem begrenzten Bewusstsein. Wenn dieses Bewusstsein sich mit seiner Kreation identifiziert, reagiert es nicht mehr auf seine Kreation, sondern *als* seine Kreation. Der Schöpfer wird zum Geschöpf. Der Maler wird zum Gemälde. Es vergisst sich als Ursprung und wird zu seiner eigenen Schöpfung. Sobald Bewusstsein sich selbst wieder als Ursprung erkennt oder sich als Ursprung kreiert, kann es die selbst geschaffene Realität jederzeit wieder ändern. Der Maler schafft ein neues Bild und kommt in eine neue Schaffensperiode.

Realität entsteht, indem ich sie absichtlich oder unabsichtlich erschaffe, und sie besteht so lange, bis ich sie erlebe. Solange ich mich weigere, sie zu erleben, erschaffe ich sie damit immer wieder neu. Alles, was ich in meinem Leben nicht akzeptieren kann (Übergewicht, Geld-, Beziehungsprobleme usw.), wiederholt sich ständig, solange ich es nicht als von mir erschaffen erleben und (wie ein von mir geschaffenes Kind) annehmen kann.

Jede Schöpfung bleibt so lange existent, bis ihr Schöpfer sie auflöst, indem er sie liebevoll erlebt. Manchmal entsteht eine beabsichtigte Realität nicht als Umstand, sondern als Idee, Chance, Gelegenheit, Zufall, Möglichkeit oder als Weg. Folge ich dem nicht, folgt nichts mehr. Steht eine Kreation in keinem Widerspruch zu einer früheren Kreation, manifestiert sie sich mühelos und unmittelbar.

## *Realität schaffen und ent-schaffen*

In dem Maße, wie wir *nicht bewusst* mit unseren Überzeugungen umgehen, *entzieht sich die Realität unserer Kontrolle.* Wir erleben und erfahren das, was wir glauben. Wenn wir *nicht* glauben, dass wir erfahren, was wir glauben, dann erfahren wir es nicht, weil wir glauben, dass wir es *nicht* erfahren. Wenn wir nicht bewusst Urheber (Schöpfer) unserer Überzeugungen sind, dann übernimmt die Vergangenheit, die bisherigen Überzeugungen, die Gestaltung unserer Zukunft. *Wann immer ich nicht bewusst bin, verursacht das Vergangene meine Zukunft.*

Machen Sie sich einmal bewusst:

- Was sind meine heiklen (ungelösten) Lebensthemen?
- Wodurch wird meine Realität bestimmt?
  Durch meine Überzeugungen, Kernglaubenssätze, eigene Einsichten, übernommene Ansichten, Erkenntnisse, durch meinen Willen, Denken, Handeln, Reden, Sein.
- Meine Realität ist ein Abbild der Summe meiner Überzeugungen.
- Gemeinsame Realität (in einer Familie zum Beispiel) ist die Summe der gemeinsamen Überzeugungen.

- Der Zweck jeder Schöpfung ist, sie zu erleben.
- Will ich das wirklich erleben, was ich derzeit schöpfe?

Überzeugungen schaffen aber nicht nur Realität, sie »entschaffen« auch Realität. Realität ist das Ergebnis unserer aktuell wirkenden Überzeugungen.

Das Erschaffen und Ent-Schaffen von Realität besteht aus den immer gleichen vier Schritten:

1. Denken, Gedanke
2. Vorstellung, Einbildung
3. Glauben, Überzeugung
4. Erleben und damit löschen

Aus dem Gewahrsein führen Überzeugungen zu müheloser und unmittelbarer Realisation und Manifestation. Viele Individuen bilden ein kollektives Bewusstsein, und die Realität dieser Welt ist die Summe der kollektiven Überzeugungen.

Die eigene Überzeugung filtert allerdings auch die eigene Wahrnehmung. Worauf es ankommt, ist, sich an die Bewusstseinsebene zu erinnern, auf der Sie der bewusste Schöpfer der Realität sind, die Sie gerade durch die bewusste Wahl Ihrer Überzeugungen erleben. Wovon ich überzeugt bin, *schafft* das, wovon ich überzeugt bin, und verstärkt meine Überzeugung durch meine Erfahrung. Je mehr Überzeugungen ich mir zulege, desto unflexibler werde ich, desto mehr ist meine Scheinidentität festgelegt durch eben diese Überzeugungen. *Je weniger Überzeugungen ich habe, desto freier bin ich in der Gestaltung meiner Zukunft.*

Mein jetziger Standpunkt erschafft meine Realität von morgen und verstärkt meinen derzeitigen Standpunkt. Realität breitet sich also von einem Standpunkt aus, ein Standpunkt schafft die entsprechende Realität. Ich erlebe dann objektiv, was ich subjektiv erwarte. Gehe ich von der Realität aus, bleibe ich damit *innerhalb* der Grenzen dieser Realität und verstärke sie damit.

Erst wenn ich die Grenzen des Bestehenden überschreite, ist Neues, Wachstum, Fort-Schritt möglich. Realität ist ein Kreis, der mit einer bewusst oder unbewusst gewählten Überzeugung beginnt und mit deren Erfahrung endet. Ich erlebe so meine als Realität sichtbar gewordene Überzeugung.

*Jede Schöpfung kehrt solange zu ihrem Schöpfer zurück, bis er bereit ist, sie durch Erleben aufzulösen.*

Viel nicht Angenommenes sammelt sich so zu einem Berg von Unannehmbarem an. Erst wenn ich eine Schöpfung erkenne, annehme und erlebe, erlaube ich ihr, sich aufzulösen.

So kann der eigene Körper oft durch schädliche Überzeugungen nicht mehr harmonisch funktionieren. Es geht also darum, Hindernisse und Blockaden zu erkennen und zu beseitigen, mit denen Sie Ihre Fähigkeit, Realität zu erschaffen, verbaut haben. Dazu gehört vor allem, die »chronische Opferhaltung« loszulassen.

Der Verstand lebt in einer Realität innerhalb der Realität. Diese selbst geschaffene Realität begrenzt meine Möglichkeiten. Damit bleibe ich ständig in der Vergangenheit und erlebe nicht die »Möglichkeiten des JETZT«.

Erst jenseits der Überzeugungen und Erfahrungen ist »Gewahrsein«.

Durch Gewahrsein kann ich durch Überzeugungen hindurchgehen, kann heraustreten aus dem »Gefängnis meiner Überzeugungen«. Erst dann eröffnen sich mir die natürlichen »grenzenlosen Möglichkeiten«.

Jeder Gedanke, jedes Gefühl verändert das kollektive Bewusstsein und damit das Ganze.

## *Wirklichkeit sein*

Im Leben gibt es niemals eine Prüfung. Nur in der Dualität gibt es scheinbar Prüfungen. Die Essenz kennt keine Prüfung. Das zu erkennen und zu leben ist die Prüfung.

Das Bestehen der Prüfung besteht darin, *als Essenz* zu erkennen, dass die Prüfung Teil der Illusion ist. Nur durch die Überzeugung, dass die Erde eine Schule des Lebens ist, entsteht erst die Not-wendigkeit einer Prüfung als Abschluss zu einem selbst erschaffenen Lernprozess. Worin sollte die Essenz sich auch prüfen?

Verantwortung bedeutet Ursprung, Essenz zu sein. Damit bin ich bewusster Schöpfer meiner Überzeugungen und Gestalter des Augenblicks und der Zukunft meines Lebens.

Jedes Urteil, jede Beschuldigung bedeutet, in der Illusion die Ursache für die Wirklichkeit zu suchen. Die meisten suchen in der Vergangenheit die Antwort für das JETZT und geben damit der Vergangenheit die Verantwortung für die Zukunft. Der Glaube ist die Variable, die eine Veränderung der Realität erst ermöglicht.

Die Frage ist daher nicht: »Was glaube ich?«, sondern: »Was *will* ich glauben?«, um es dadurch zu erschaffen. Ich habe die freie Wahl, was ich durch meinen Glauben zur Realität mache.

Eine wichtige Frage ist: »Durch welche Überzeugung habe ich mir diese Situation geschaffen?« Welche Überzeugung braucht es, um das zu schaffen, was ich gern haben und erleben will? Als wer man handelt, bestimmt das, was möglich ist.

Die Unterschiede zwischen den Menschen bestehen im Wesentlichen in ihren verschiedenen Überzeugungen, die zu unterschiedlichen Realitäten führen. Sobald wir erkennen, dass Überzeugungen variabel sind, verschwinden die Unterschiede, und wir kommen zur »Ein-Sicht« in die Wirklichkeit.

In der Wirklichkeit angekommen, leben wir im Paradox:

- Ich muss gefunden haben, *bevor* ich anfange zu suchen.
- Ich muss gewonnen *haben*, bevor ich siegen kann.
- Wenn du etwas siehst, ist es nicht da, sonst könntest du es ja nicht sehen.
- Ich kann nicht werden, ohne es zuvor zu sein.
- Ich kann nichts bekommen, ohne es zuvor zu haben.
- Also mache ich mich auf den Weg, den es nicht gibt, und erreiche sicher das Ziel, das ich nie verlassen habe.

## *Zur Einsicht kommen*

1. Da ist zunächst einmal als *erste Ebene* der Einsicht, die *äußere Ebene*, dass ich einsehe, was man mir sagt: Dass ich die Botschaft meines Körpers verstehe und befolge. Dass ich die Sprache der Lebensumstände verstehe und befolge. Dass ich erkenne, dass mein Körper, das Leben nicht lügen kann. Dass ich einsehe, dass die Realität nur mein Bewusstsein widerspiegelt und dass dieser Spiegel nicht lügen kann.

   Das Leben spricht ständig zu mir und wartet darauf, dass ich das Gesagte einsehe. Dazu muss ich zunächst verstehen, und dann kann ich es befolgen. (Wir kommen beim Gesetz des Lernens darauf zurück.)
2. Die *zweite Ebene* der Einsicht ist, in die Dinge hineinzuschauen, Einblick zu gewinnen in die Dinge, den Durchblick zu haben, die Wirklichkeit hinter dem Schein zu erkennen. Letztlich heißt das, dass ich die *eine Wirklichkeit* hinter allem Schein erkenne, dass ich das Eine in Allem sehe und erkenne, zur Einsicht komme, dass *alles eins ist.*
3. Die *dritte Ebene* der Einsicht ist, dass ich alles als der Eine sehe, dass ich zur Sicht des Einen komme und *als der Eine die Dinge anschaue.*

Das verändert meine Identität grundlegend. Ich erkenne nicht mehr die Wirklichkeit hinter dem Schein, ich bin die eine Wirklichkeit hinter allem. Ich schaue als das Eine in die Dinge, hinter die Dinge, auf die Dinge. Ich kann »verändernd« hinschauen. Das ist die letzte Ebene der Einsicht, zu schauen als der Eine.

### *Zusammenfassung: Was ist Realität?*

Sobald wir uns mit der »Wirklichkeit hinter dem Schein« befassen, müssen wir uns darauf vorbereiten, in eine völlig andere Welt einzutreten. Aber es ist eine Illusion zu glauben, dass die Illusion eine Illusion sei, sie ist eine »Inkarnation der Wirklichkeit«. Doch auch aus der Illusion entstehen Illusionen. So entsteht aus der Illusion des Selbst die Illusion eines Ego.

*Realität ist das, was geschaffen wurde. Wirklichkeit ist das, was erschafft.* Die so genannten Tatsachen werden immer unwichtiger, weil sie nur Durchgangsstationen zum Eigentlichen sind.

Wissen hat auf diesem Weg nur einen begrenzten Wert, denn es befasst sich mit dem »Bereits« und weniger mit dem viel wichtigeren »Noch-nicht«. Der Ursprung der Realität ist der Geist, der die Realität »denkt«. Was immer Sie denken, nichts geht verloren, und alles kommt zu Ihnen zurück, als Ereignis, Situation oder Umstand. Das Bewusstsein besitzt die Fähigkeit, etwas »in Erscheinung« zu rufen. Bewusstsein, das seine Selbst-Identifikation vergisst und sich mit seiner Schöpfung identifiziert, z. B. mit seinem Körper, Verstand usw., verliert die Fähigkeit zu schöpfen und zu ent-schöpfen. Auch die Überzeugung des Bewusstseins, sein Glaube, ist eine Schöpfung und damit eine Ursache.

Vergangenheit und Zukunft sind nur Vorstellungen. Tatsächlich gibt es nur das JETZT, die zeitlose Gegenwart. Die individuelle Schöpfung beginnt mit der Wahl seiner Überzeugungen und endet mit dem wertfreien Erleben der eigenen Kreation. Wir erschaffen Möglichkeiten, indem wir uns in sie hinein »überzeugen«. Meine Realität ist ein Abbild der Summe meiner Überzeugungen.

Überzeugungen schaffen aber nicht nur Realität, sie entschaffen auch Realität. Mein jetziger Standpunkt erschafft meine Realität von morgen und verstärkt meinen derzeitigen Standpunkt. Jede Schöpfung kehrt solange zu ihrem Schöpfer zurück, bis er bereit ist, sie durch Erleben aufzulösen. In dem Maße, wie wir nicht bewusst mit unseren Überzeugungen umgehen, entzieht sich die Realität unserer Kontrolle. Der Glaube ist die Variable, die eine Veränderung der Realität erst ermöglicht.

Das Paradoxon der Wirklichkeit: Ich kann nicht werden, ohne zuvor zu sein. Ich kann nicht bekommen, ohne zuvor zu haben.

Indem ich eine Möglichkeit der Zukunft durch Identifikation in Besitz nehme, wird daraus eine Realität der Gegenwart. Mit jedem Gedanken geben wir der allgegenwärtigen Energie eine bestimmte Schwingung und verändern damit die Schöpfung. Es gibt nichts außer Energie. Ab einer bestimmten Schwingung manifestiert sich Energie als Materie.

Energien kann man wahrnehmen, bestimmen und lenken. Wenn ich so bleibe, wie ich bin, werde ich weiter das erleben, was ich erlebe, aber wenn ich mich ändere, *muss* sich mein Leben ändern. Ich sollte auch die Nebenwirkungen einer bestimmten Energie beachten.

Alle Energien sind im Energiefeld eines Menschen oder einer Sache gespeichert und können dort jederzeit abgerufen werden. Bin ich im Ein-Klang, ziehe ich auch automatisch die Umstände an, die im Ein-Klang sind, brauche nichts verändern, weil es stimmt.

Das größte Geschenk, das Sie anderen machen können, ist das Beispiel Ihres eigenen, erfüllten Lebens.

Wir werden nie wissen,
wie viel Gutes ein einfaches Lächeln
vollbringen kann.
*Mutter Theresa*

# Das Gesetz von Ursache und Wirkung

Alles Geschehen auf dieser Welt gehorcht dem Prinzip von Ursache und Wirkung. Alle sichtbare Schöpfung ist, wie der Name schon sagt, eine Wirkung, hinter der immer ein Schöpfer steht, dessen Wille sich auswirkt. Wo eine Schöpfung ist, muss immer auch ein Schöpfer sein, denn das Gesetz lautet: »Nichts kommt von nichts.«

Immer gibt es einen Zusammenhang zwischen dem, was war, und dem, was folgt. Alles Geschehen gehorcht dem Gesetz von Ursache und Wirkung. Das, was wir Zufall nennen, ist nur ein Ausdruck für eine verborgene, unbekannte Ursache; niemals aber geschieht etwas ohne Ursache. Natürlich können wir tun und lassen, was wir wollen, aber wir können nicht »wollen, was wir wollen«. Denn auch für unseren Willen gibt es eine Ur-Sache, zusammengesetzt aus Umwelteinflüssen, Meinungen, Erfahrungen und Umständen, die alle wieder eine Ursache haben. Und doch haben wir in jedem Augenblick des Lebens die Möglichkeit, in diese Kette einzugreifen, eine Wirkung zu verändern oder auch eine neue Ursache zu setzen. Doch es gibt nichts außerhalb des Gesetzes, und nichts geschieht im Gegensatz zu ihm.

Das Gesetz selbst hat keine Entscheidungsfreiheit, was es hervorbringen möchte. Es sagt nur: »Wenn ein Schöpfer dies tut, geschieht dies; tut er jenes, geschieht jenes.« Das Gesetz ist der treue Diener des Schöpfers, und jede Wirkung entspricht in Qualität und Quantität immer genau der Ursache.

So gibt es auch keinen Zufall, denn auch er gehorcht dem Gesetz von Ursache und Wirkung. Zufall ist das, was mir auf Grund meines So-Seins zu-fällt. Zufall und Glück sind nur Bezeichnungen für einen nicht erkannten Zusammenhang. Die letzte Ur-Sache hinter allem Sein ist immer die schöpferische Urkraft, die Eine Kraft, die wir GOTT nennen. Die Schöpfung besteht so lange, bis die letzte Ur-Sache sich ausgewirkt hat.

Am spürbarsten wird das Wirken des Gesetzes von Ursache und Wirkung, wenn es für den Menschen als Schicksal in Erscheinung tritt.

Wie Sonne und Mond sich nicht im
trüben Gewässer widerspiegeln können,
so kann sich der Allmächtige
nicht in einem Herzen widerspiegeln,
das nur von der Idee des »ich« und
»mein« getrübt ist.

*Sri Ramakrishna*

# Das Gesetz der Fülle

Das Gesetz der Fülle besagt, dass uns die Fülle des Lebens als unser geistiges Erbe zusteht. Sie steht uns jeden Augenblick zur Verfügung. Durch unsere falsche Geisteshaltung und unseren mangelnden Glauben wird jedoch oftmals eine Beschränkung unseres inneren und äußeren Reichtums – und damit Mangel – hervorgerufen.

Sobald der Mensch aber erkennt, wer er wirklich ist, und sein geistiges Erbe in Besitz nimmt, manifestiert sich in seinem Leben das Gesetz der Fülle. Wer dieses Gesetz in seinem ganzen Umfang erfasst hat, kennt keinen Mangel mehr. Jesus hat gesagt: »Wer da hat (Erkenntnis der Wirklichkeit), dem wird gegeben werden, auf dass er die Fülle habe. Wer da aber nicht hat, dem wird das Wenige noch genommen werden.« Indem wir überall die Bereitschaft des Lebens zur Fülle erkennen, rufen wir sie in Erscheinung. Diese Erkenntnis hat aber nur Wert, wenn wir unser ganzes Leben von jetzt an zu einer einzigen Offenbarung der »Inneren Fülle« machen. Wer diese »Innere Fülle« jedoch nicht erkennt, der steht sich und seinem Erfolg selbst im Weg. Er verhindert so, dass sich die Fülle des Lebens manifestiert. Dann helfen selbst große Anstrengungen, verkrampftes Positives Denken und flehentliche Gebete nichts, denn das Leben kann im Außen nur die innere Wirklichkeit widerspiegeln. Erkennen wir daher, dass wir von unserer inneren Natur her *reich sind*, dass wir *Erfolg haben!* Leben Sie in dieser Erkenntnis, werden Sie zu einem wahren Magneten der Fülle. Denn überall sind Möglichkeiten und Wege. Alles, was Ihnen widerfährt, ist von seinem inneren Potenzial her eine Chance, die das Leben Ihnen bietet, um durch Sie die Fülle in Erscheinung treten zu lassen. Vom äußeren Bild dürfen wir uns dabei nicht beirren lassen. Auch da, wo offensichtlich nichts zu ent-decken ist, gibt es solche Möglichkeiten. Mag die äußere Realität noch so sehr den inneren Bildern der Fülle widersprechen, mögen die Umstände noch so schwierig er-scheinen, durch die Bejahung der Fülle erheben wir uns über sie und wandeln sie um.

Aber alles Positive Denken und alle Anstrengung können uns nicht zum Erfolg führen, wenn wir in unserem Inneren ständig an Begrenzung und Mangel denken. Oder aber wenn wir unseren Mangel als Folge »karmischer« Ursachen rechtfertigen. Auch Karma kann jederzeit geändert werden, und niemand zwingt uns, weiter das Opfer unbewusster Verhaltensmuster zu bleiben. Doch oft fühlen wir uns nicht wert, wirklich in der Fülle zu leben. Diese Einstellung verhindert zuverlässig, dass in Erscheinung tritt, was das Leben uns bereitwillig geben möchte. Das Empfangen ist aber nur die eine Seite des Gesetzes, die andere Seite ist das Geben! Wer seine Aufmerksamkeit nur auf die eine Seite des Gesetzes richtet, hebt durch seine Selbstsucht die Kraft des Gesetzes wieder auf: »Kein Empfangen, ohne zu geben, keine Ernte ohne Saat.« So wie das Säen die Ernte bedingt, so bedingt das Geben das Nehmen. Denn das Gesetz der Fülle kann nur in dem Maß wirksam werden, wie wir selbst zum Kanal werden, durch den sich die Fülle manifestiert.

Zum Kanal werde ich, indem ich alle, auch alle unbewussten Gedanken an Begrenzung und Mangel auflöse, damit ich nicht selbst zum Hindernis werde für das Wirken des Gesetzes. Und indem ich dann nach bestem Ver-mögen gebe. Dabei sind materielle Dinge noch das Unwesentlichste und Leichteste, obwohl viele von uns schon daran scheitern. Das Wesentliche und Schwierige ist das Aufgeben des Egoismus und die uneingeschränkte Bereitschaft, dem Ganzen nach Kräften zu dienen. Dieser Wille, der Schöpfung zu dienen, erwächst aus der Liebe. Um der Fülle ganz teilhaftig werden zu können, muss ich mein kleines Ich meinem Wahren Selbst, dem Gott in mir, übergeben. Jesus sagte: »Trachtet erst nach dem Reiche Gottes, so wird euch alles Übrige zufallen«.

Diese Haltung sollte uns auch dann nicht verlassen, wenn wir erfolgreich geworden sind und in der Fülle leben. Denn nur sie hält den Zustrom der Fülle offen. Nur so werden wir die Fülle nicht nur gewinnen, sondern auch erhalten und sogar mehren, um davon weisen Gebrauch zu machen. Zum Kanal zu werden, durch den sich die vielfältigen Ausdrucksmöglichkeiten des Lebens auch zum Nutzen anderer manifestieren können. Erst wenn wir uns als Mitschöpfer begreifen und uns bemühen, die Welt durch unser Wirken zu verbessern, wird die Fülle unser ständiger Gast sein.

Fülle bedeutet natürlich nicht nur, dass wir immer genug Geld haben, wenngleich auch das zur Fülle gehört und eine Verachtung des Geldes uns vom Strom der Fülle abschneidet. Die Fülle zeigt sich noch mehr im ganz unscheinbaren Alltagsgeschehen, in unseren harmonischen Beziehungen ebenso wie in dem Maß unserer geistigen Erkenntnis. Wer in der Fülle lebt, hat stets alles, was er zum vollkommenen Ausdruck seines Seins jetzt braucht. Das kann auch eine Fülle an Lektionen sein, die ja wieder nur Chancen des Lebens sind, zu lernen und zu wachsen. Wer in der Fülle lebt, hat wirklich alles in Fülle, und jeder Aspekt seines Lebens ist in Harmonie.

Ein erfolgreicher Mensch sein heißt
zum geistigen Menschen erwacht sein.
Wahrer Reichtum ist geistiger Reichtum.
Alles ist aus dem Geist entstanden.

»Trachtet zuerst nach den Schätzen
des Himmels, dann wird euch alles andere
von selbst zufallen.«
*Matthäus*

## Das Gesetz des Wohlstands

Nach dem Gesetz der Analogie oder Entsprechung wissen wir: Unser äußeres Sein, alle unsere Lebensumstände sind nur *ein Spiegelbild der inneren Wirklichkeit.* »Wie innen, so außen«, lautet das Gesetz. *Deshalb kann ich die äußeren Umstände nur ändern, indem ich mich ändere.*

Die »Ur-Sache« für alles, was ist, ist immer geistiger Natur, deshalb muss ich zuerst geistigen Wohlstand erwerben, ehe der Wohlstand im Außen in Erscheinung treten kann. Das sind die »Schätze des Himmels«, die nicht »der Rost und die Motten fressen können« (Matthäus).

Wir ernten nur das, was wir säen. Säen kann ich, was immer ich will, aber ernten *muss* ich, was ich gesät habe.

Das Gesetz des Wohlstands lautet: *»Die Schöpfung manifestiert grenzenlosen Reichtum. Wahrer Reichtum ist geistiger Reichtum. Alles entsteht aus dem Geist und manifestiert sich dann in der Realität.«*

Was aber bedeutet »Wohlstand« eigentlich? Nun, wie das Wort schon sagt, bedeutet Wohlstand, dass *alles wohl steht.* Dazu gehört natürlich sehr viel mehr als Geld und Besitz.

## *»Wohlstand« erzeugen*

Wohlstand ist ein breiter Strom aller guten Dinge, die in das Leben fließen. Dazu gehören:

- Gesundheit – durch Harmonie des Denkens
- Ein glückliches Familienleben – Partnerschaft, Freundschaft mit Kindern
- Gute Freunde – in Harmonie mit den anderen leben
- Meinen Nächsten erkennen – die Freude, anderen zu helfen
- Jeden so annehmen, wie er ist. Die Einheit in allem erkennen
- Ein Beruf, der wirklich Berufung ist
- Erkennen der Lebensaufgabe – der Weg, das Ziel und die Schritte
- Genügend Geld – Mangel ist Disharmonie. Jeder hat immer genug Geld, Mangel ist im Bewusstsein
- Haus und Besitz – besitzlos besitzen
- Erfolg und sich darüber auch noch freuen können
- Sich auch über den Erfolg der anderen freuen können
- Noch richtig lachen können. Wer lacht, lebt gesünder und hat mehr Spaß am Leben
- Intelligenz – Klugheit – Weisheit
- Freiheit – wahre innere geistige Freiheit
- Nicht frei sein »von« oder »für«, sondern wirklich »frei«
- Genügend Zeit haben – den Augenblick erfüllen
- Schöne Erinnerungen – JETZT schaffen
- Reiches inneres Erleben
- Meditation – Gebet – Kontakt zum »inneren Meister«
- Loslassen können – gelassen sein
- Alles als »gleich-gültig« erkennen
- Offenheit – bereit sein, zu lernen – Bewusst-Sein
- Ehrlichkeit auch zu sich selbst

- Klarheit und Wahrheit
- Erkenntnis der Wirklichkeit hinter dem Schein
- Weisheit – das »Spiel des Lebens« erkennen
- Erkennen: »Ich bin ewigen Lebens, vollkommenes Bewusstsein ICH BIN«
- Der Weg ist das Ziel, das Ziel ist nur das Ende des Weges
- In allem Sein die eine Kraft erkennen
- Freudig dem Ganzen dienen
- »Der Größte unter euch soll aller Diener sein.«

Im wahren Wohlstand zu leben ist nichts anderes als ein Teil unseres Seinsauftrags, der da lautet: *»Sei Du selbst«.* Der Wert eines Menschen wird nicht davon bestimmt, was er *hat*, sondern wer er *ist.* Nicht *das Haben* entscheidet, sondern *das Sein*, und so bestimmt jeder in jedem Augenblick seinen Wert.

Wir erkennen daran auch, dass es nicht sinnvoll sein kann, sich für materielle Dinge »krumm zu legen«, denn alles soll *mir* dienen, nicht *ich* dem Besitz (dann bin ich vom Besitz »besessen«). Ich lasse ohnehin alles Materielle hier zurück. Ich bin nackt gekommen und werde nackt gehen.

Im Wohlstand kann nur jemand leben, der »vermögend« ist. Vermögend ist nur der, der etwas vermag, und wer viel vermag, der ist sehr vermögend! Daher ist es wichtig, sein »inneres Potenzial« zu »ent-wickeln«, um im Außen den Wohlstand in »Er-Scheinung« treten zu lassen. So wie in der Wüste seit Millionen von Jahren ein Schatz verborgen war, das Erdöl, aber die Menschen in der Wüste waren trotzdem arm. Erst als sie diesen Schatz »ent-deckt« und »gefördert« haben, wurde der innere Reichtum auch im Außen sichtbar.

Doch Geld zu haben heißt noch lange nicht, im Wohlstand zu leben, aber *kein* Geld zu haben zeigt immer einen Mangel.

Wer aber sein Leben lang nichts tut, als Geld zu verdienen, der verdient auch nichts anderes als Geld.

Zum Wohlstand gehört also auch *die richtige Einstellung zum Geld.* Geld ist ein wunderbarer Diener, aber ein miserabler Herr, der uns innerlich verarmen lässt, wenn wir ihm dienen. Und am Ende des Lebens sind wir die Betrogenen, denn wir haben unsere Leben gegeben für etwas, das wir ohnehin hier zurücklassen.

Die meisten Menschen wollen mehr verdienen, als sie verdienen, aber der Verdienst richtet sich nicht nach dem Anspruch, sondern nach der Leistung. Erst kommt das Dienen, dann kommt das Verdienen. Erst kommt das Säen, dann das Ernten. Will ich also Wohlstand außen in Erscheinung treten lassen, muss ich ihn erst *in mir* verwirklicht haben. Meine »inneren Bilder« bestimmen die äußeren Umstände, und das ist auch das »Geheimnis des Reichtums«.

## *Wie Sie Ihr »Wohlstandsbewusstsein« entwickeln*

In unserem Bewusstsein kann immer *nur ein Gedanke gleichzeitig wirksam* sein. Das ist eine Begrenzung, aber auch eine wunderbare Chance, wenn Sie dafür sorgen, dass es der richtige Gedanke ist. Sie müssen sich für den Erfolg »resonanzfähig« machen.

Machen Sie sich bewusst, dass nur das in Ihrem Leben *wirksam* ist, was Sie *denken* und *glauben.* Wissen allein bewirkt noch nichts. Ihr Leben entspricht nicht dem Umfang Ihres Wissens, sondern dem Inhalt Ihres Denkens und Glaubens.

Wohlstandsbewusstsein zu entwickeln beginnt damit, dass ich das Mangelbewusstsein loslasse. Vergegenwärtigen Sie sich jetzt:

- Ich lasse alles los, was nicht mehr wirklich zu mir gehört.
- Es gibt immer eine Lösung. Ich kann die Aufgabe *jetzt* lösen.
- Ich bekomme immer rechtzeitig alles, was ich wirklich brauche.
- Das Leben bietet mir viele Möglichkeiten, dem Ganzen zu dienen und dabei mein Einkommen beliebig zu steigern.
- Ich bin dankbar für einen endlosen Strom praktischer Ideen, die das Leben mir schickt, um immer »erfolgreicher« zu werden.
- Alles will mir nur dienen und helfen.
- Ich erkenne und nutze meine Chancen.

Mit Hilfe solcher Glaubenssätze räumen Sie sehr schnell mit Ihrem Mangelbewusstsein auf und schaffen damit Platz für ein umfassendes Wohlstandsbewusstsein.

Alle Dinge geschehen zuerst im Bewusstsein, ehe sie in der Realität geschehen können. *Schöpferische Imagination* ist die Transformation einer Vorstellung in die Realität und lässt so Zukunft zur Gegenwart werden und eine Möglichkeit zur Gewissheit.

Die Imagination verbindet uns mit dem erwünschten Endzustand, wenn wir sie meisterhaft anwenden. Also nicht wie ein Zuschauer auf das Ereignis schauend, sondern wie jemand, der sein Ziel erreicht hat: vom Ergebnis aus zurückblickend.

In der *Imagination vom Ereignis her* liegt der Anfang aller Wunder. In der Imagination wird die Zukunft zur Gegenwart. Die Wirklichkeit entsteht in uns und tritt außen in Erscheinung.

Das Leben hat keine Möglichkeit, nichts oder etwas anderes erfolgen zu lassen als genau das, was der von Ihnen gesetzten Ursache entspricht!

## *Der Kreislauf von Geben und Nehmen*

Alle Bewegung in unserem Kosmos ist *ein dynamischer Austausch.* Nichts besteht für sich allein. Alles nimmt Energie auf und gibt Energie ab. Durch diesen dynamischen Austausch sind wir letztlich alle eins.

Ein System, das sich abschotten will, sich diesem Austausch entzieht, geht (nach dem physikalischen Gesetz der Entropie) über kurz oder lang ein. Jedes offene und gesunde System aber gibt mehr Energie ab, als es aufnimmt. Es ist ein *Energieerzeuger und Energiespender.*

Deswegen liegt das ganze Geheimnis des Wohlstands darin, *geben* zu können. *Geben, Schenken und Dienen* ist das Geheimnis des Überflusses. Was ich gebe, kommt vielfach zu mir zurück. Geben heißt, sich dem Lebensstrom anzuvertrauen, zu vertrauen, dass das Leben mich nährt gemäß der Verantwortung, die zu übernehmen ich bereit bin.

*Wohlstand ist ein Fluss.* Wenn ich diesen Fluss anhalte (z. B. Geld horte oder durch Ausbeutung anderer reich werden will), dann geht der Wohlstand verloren.Viele scheinbar erfolgreiche Menschen, die ihren Reichtum auf Ausbeutung aufbauen (also mehr nehmen als geben), häufen eine Zeit lang viel Besitz an. Doch das Missachten der geistigen Gesetze äußert sich darin, dass sie ihre Gesundheit, das partnerschaftliche und familiäre Glück untergraben. Am Ende sterben sie möglicherweise frühzeitig an einem Herzinfarkt, und ihr Erfolg erweist sich schließlich als Scheinerfolg. Vielleicht haben sie viel Besitz zu vererben, die Erben streiten sich jahrelang vor Gericht. *Diese Art Wohlstand* (bei dem nichts wirklich wohl steht) ist einfach nicht segensreich, sie bringt oft über Generationen Kummer.

*Geld fließt in unser Leben, wenn wir gelernt haben zu geben.* Wir dienen Mitmenschen durch unsere besonderen Fähigkeiten. Je mehr wir unsere Lebensaufgabe erkannt haben und unsere Einzigartigkeit leben, desto mehr sind wir im Einklang mit der Schöpfung, leisten Wertvolles und können dafür reichlich Geld in Empfang nehmen.

Achten Sie einmal darauf, wie Sie selbst darauf reagieren, wenn Sie beschenkt werden. Sind Sie es sich wert, reichlich beschenkt zu werden? Oder fühlen Sie sich dann verpflichtet, das Geschenk »zurückzuzahlen«? Können Sie solche Geschenke als Wohltaten des Himmels annehmen? »Der Himmel beschenkt mich wieder reichlich. Danke!«

Lernen Sie auch, sich von den *Reichtümern der Natur* beschenken zu lassen. Genießen Sie die Schönheit und Ruhe. Und empfinden Sie eine tiefe Dankbarkeit für das Geschenk eines Sonnenuntergangs, das Erleben des Vollmondes, das Zwitschern der Vögel im Morgengrauen, das Erblühen von Pflanzen. Jeder Tag sollte für Sie eine Dankeshymne an das Leben sein.

Wir bauen dann segensreichen Wohlstand auf, wenn wir erkennen, dass auch *unsere Gaben und Talente* Geschenke des Himmels sind. Wir sind regelrecht *verpflichtet*, diese Gaben nicht zu verschleudern, sondern in den Dienst anderer Menschen zu stellen. Das Wunderbare: Wir sind dann nicht nur besonders gut (unsere Leistung besonders wertvoll), sondern haben auch noch Freude und Spaß an unserer Tätigkeit. Wir erfüllen unsere Aufgaben mit leichter Hand. Wenn das kein Geschenk des Himmels ist!

Wir sind in Wahrheit nicht die Quelle, sondern *ein Kanal*. Der Strom der Schöpfungskraft und des universellen Reichtums *fließt durch uns durch*. Wir geben so weiter, was wir vom Himmel geschenkt bekommen haben. Mehr noch: Die *Fülle* sucht sich Kanäle, um sich zu offenbaren. Je offener wir für diese Fülle und den Überfluss sind, desto mehr werden wir zu einem solchen Kanal.

*Quelle des Wohlstands ist die Seele.* Der Geist ist die Bewegung des inneren Reichtums in den äußeren Reichtum. Das Materielle ist die Verkörperung der inneren Quelle. Wenn man diesen materiellen Wohlstand will, hilft man am besten anderen, diesen Wohlstand zu erzeugen.

Besonders wirkungsvoll sind geistige Geschenke: Freude, Liebe, Lachen, Frieden, Harmonie und Wissen. Wahre Werte vermehren sich durch Schenken.

## *Im Einklang mit der Bestimmung*

Ob wir im Wohlstand leben oder nicht, ist ein sicheres Zeichen, ob wir unsere Lebensaufgabe bereits gefunden haben und sie leben – oder nicht. Wir haben nicht nur ein Recht auf Wohlstand, sondern sind dazu aufgerufen! *Indem wir unsere Bestimmung leben, wird unser Leben stimmig.*

Jeder Mensch hat einzigartige Gaben und Talente, die darauf warten, gelebt zu werden. Das ist unser *innerer Reichtum.* Wir haben diese Gaben als Geschenk in die Wiege gelegt bekommen, um damit den Menschen zu dienen. In diesem Dienst geben wir unser Kostbarstes, unsere inneren Schätze – und können dafür *Wohlstand*, *Erfüllung* und *Glück* in allen Bereichen unseres Lebens *in Empfang nehmen, wenn wir dafür offen sind.* Ein erfülltes Leben zu leben heißt, seine Lebensaufgaben zu erfüllen. Dann steht alles zum Wohl.

Unsere *Bestimmung* zu leben können wir jedoch nur in *Selbstbestimmung.* Dann wird alles stimmig. Dann leben wir in einer freudigen Stimmung. Und das äußert sich dann auch in unserer Stimme. *Wohlstand ist Stimmigkeit in allen Lebensbereichen.*

Und das ist die Botschaft des Wohlstands: *Sei Ich-Selbst und gehe deinen Weg!* Bestimme dich selbst! Lebe den Sinn deines Lebens! *Mach dich zum Geschenk, und das Leben schenkt dir alles, was du dir wünschst.*

### *Wie Sie grenzenlosen Reichtum erzeugen*

Vergegenwärtigen Sie sich jetzt:

1. Das Universum ist voller Überfluss.
2. Das Universum ist jederzeit bereit, seine Fülle mit Ihnen zu teilen, Sie brauchen sie nur »in Erscheinung zu rufen«, indem Sie sie geistig »in Besitz nehmen«.
3. Alles beginnt mit einer Idee. Eine Idee ohne Ausführung ist eine vertane Chance.
4. Das Leben reagiert *nur* auf *Ihre Anweisungen.* Situationen, Umstände, Begegnungen, Zufall, Geld, alles folgt Ihren bewussten oder unbewussten Anweisungen. Jeder Gedanke an Mangel und Begrenzung *ist* eine Anweisung.
5. Ihre »Innere Dimension« bestimmt den Teil der Fülle, der sich in Ihrem Leben manifestieren kann. Diese Innere Dimension kann man nicht überschreiten, aber Sie können Sie jederzeit erweitern – durch ein sich ständig erweiterndes Wohlstandsbewusstsein. Wohlstand beginnt im Bewusstsein. Jeder kann nur das empfangen, was er bereits geistig »in Besitz genommen« hat.
6. Aller äußerer Wohlstand ist immer nur ein Spiegelbild der inneren Wirklichkeit. Die Ursache für alles, was in der Realität in Erscheinung tritt, ist geistiger Natur, und so ist geistiger Wohlstand der erste Schritt zum äußeren Wohlstand. Reichtum entwickelt sich von innen nach außen.
7. Es ist Teil unseres Seinsauftrages, im Wohlstand zu leben, und jeder Mangel ist eine Botschaft, dass der Seinsauftrag verfehlt wurde.
8. Im Wohlstand leben kann nur jemand, der »vermögend« ist. Vermögend ist, wer etwas vermag, und wer viel vermag, ist

sehr vermögend. Wer viel hat, ist nur besitzend. Daher ist es wichtig, sein inneres Potenzial, sein wahres Vermögen zu entwickeln, damit der Wohlstand ungehindert als Realität in Erscheinung tritt.

9. Wohlstand fließt uns zurück, wenn wir bereit sind zu geben, zu dienen und zu schenken. Das ist das Geheimnis des Überflusses, Leben in der Bestimmung und Selbstbestimmung.
10. Wir sind zum Wohlstand aufgerufen, indem wir unserer *Be-rufung folgen.* Das ist Lebenserfolg!
11. ICH BIN ICH-SELBST. ICH GEHE MEINEN WEG.
12. Mache dich zum Geschenk, und das Leben schenkt dir alles, was du wünschst.

Der größte Erfolg besteht nicht darin,
nie zu fallen, sondern darin,
nach jedem Fall wieder aufzustehen.
*Vince Lombardi*

Das ganze Leben ist ein Experiment. Je
mehr wir experimentieren, desto besser.
*Ralph W. Emmerson*

## Das Gesetz des Erfolgs

Erfolg gehorcht ganz einfachen Regeln. Sobald ich sie erkenne und befolge, wird der Erfolg »unvermeidbar«.

Diese Regeln oder Gesetze des Erfolgs existieren und wirken, gleich, ob wir sie erkennen und ihnen zustimmen oder nicht.

Jeder Ihrer Erfolge, ebenso wie jeder Ihrer so genannten Misserfolge, ist ein Beweis für die Wirksamkeit dieser Gesetzmäßigkeiten. Wenn Sie bei Rot über eine Kreuzung fahren, wird das, was dann geschieht, zum Beweis für die Existenz und Wirksamkeit der missachteten Verkehrsregeln. Die wichtigsten Regeln des Erfolgs lauten:

*1. Erfolg ist etwas, das erfolgt.*
Wie die Weisheit der Sprache schon sagt, ist der Erfolg etwas, das er-folgt. Es folgt auf etwas, das vorausging.

Machen Sie sich bewusst, es heißt »Er-folg« und nicht »Er-kämpft« oder »Er-zwing« oder »Er-renn« und auch nicht »Er-bitte« oder »Er-rede«, nicht einmal »Er-handle«. Mit anderen Worten: Um Erfolg zu haben, muss ich nicht kämpfen, nicht bitten, nicht handeln. Allein ein *Gedanke* hat schon *Folgen.*

So, wie ich *bin*, hat Folgen, ist ein Erfolg. Mit anderen Worten:

*2. Bevor etwas er-folgen kann, muss etwas vorausgehen.*

Sobald jemand etwas *tut*, muss etwas er-folgen. Aber es folgt nicht nur etwas auf tun, sondern auch auf haben und sein. Nicht nur, was ich *tue*, hat Folgen, sondern auch, was ich *habe* und was ich *bin*.

Doch bevor etwas erfolgt, steht schon fest, was erfolgen wird, denn das, was vorausgeht, bestimmt das, was er-folgt.

Für einen bewussten Schöpfer ist Erfolg jedoch, nicht nur irgendetwas folgen zu lassen, sondern ein *beabsichtigtes* Resultat, Ergebnis er-folgen zu lassen.

*3. Jeder ist immer zu 100 Prozent erfolgreich.*

Machen wir uns noch einmal bewusst: Ganz gleich, was Sie tun, *immer* er-folgt etwas, zu 100 Prozent.

Das, was er-folgt, entspricht dabei immer der gesetzten Ursache, aber nicht unbedingt meiner *Absicht:* Es er-folgt also nicht das, was ich mir wünsche, dringend brauche oder unbedingt haben will, sondern nur das, was ich verursache, ganz gleich, ob es mir gefällt oder nicht.

Sobald jedoch *Ursache und Absicht* übereinstimmen, ich also genau die Ursache setze, die der Absicht entspricht, *muss* der gewünschte Erfolg auch sicher er-folgen.

*4. Jeder bekommt vom Leben nur das, was er verursacht.*

Nicht mehr, nicht weniger und nichts anderes.

Es gibt daher weder unverdientes Glück noch unverdientes Leid, sondern nur Ursache und Wirkung.

Die Wirkung dessen, was er-folgt, entspricht immer genau der Ursache. Das bedeutet vor allem: An dem, was erfolgt, kann ich erkennen, *was ich bewusst oder unbewusst zuvor verursacht habe.*

Auf der einen Seite: Jeder Gedanke, jedes Gefühl, jedes Wort und jede Handlung *ist eine Ursache* und bringt die entsprechende Wirkung hervor, gleich, ob sie erwünscht oder unerwünscht ist.

Auf der anderen Seite: Jeder gewünschte Umstand, jedes Ereignis, jede Situation, aber auch jeder Zu-Fall oder jede Begegnung *kann verursacht werden.*

Am Anfang steht immer eine Ursache. Sie können alles verursachen, natürlich auch Ihren Erfolg!

5. *Das Leben hat keine Möglichkeit, nichts erfolgen zu lassen oder etwas anderes als genau das,*
   *was der von Ihnen gesetzten Ursache entspricht.*

Machen wir es uns bewusst: *Das Leben reagiert nur auf Ihre Anweisungen, Ihre »Bestellungen« ans Leben.*

Situationen, Umstände, Begegnungen, Zufall, Erfolg, Schicksal – alles folgt nur Ihrer Anweisung, ist immer Ihren Anweisungen gefolgt.

Der Gedanke an Mangel (»Mir fehlt jetzt …«) und Begrenzung (»Ich kann nicht …«) ist *keine Tatsache*, sondern *eine Anweisung, eine Bestellung.*

Mangel und Knappheit ist nur eine *Vorstellung* des Verstandes, ein Missverständnis sozusagen. Tatsache ist, dass Sie jede beliebige Menge von allem jederzeit »in Erscheinung« treten lassen können. Die Wirklichkeit ist bereit, *alles* hervorzubringen, was Sie *verursachen*, und zu Ihrer Realität werden zu lassen.

Sie können aus allem einen Erfolg machen und jedes Spiel gewinnen. Sie haben in jedem Augenblick die Chance, eine neue Ursache zu setzen, so dass eine ganz neue Wirkung in Erscheinung treten muss!

Es gibt nie etwas wirklich zu entscheiden, denn da Sie ein

ganz bestimmtes Ergebnis wünschen, *müssen* Sie eine ganz bestimmte Ursache setzen.

Sie müssen nur *wählen, was Sie wollen.* Danach gibt es keine Entscheidung mehr. Sie können zum Beispiel wählen, ob Sie im Wohlstand leben wollen oder nicht. Nach *dieser* Entscheidung gibt es keine weitere Entscheidung mehr, sondern *nur noch* klar definierte Schritte, bewusste Anweisungen und Bestellungen an das Leben. Sie müssen nur noch genau das verursachen, was Ihrer ursprünglichen Entscheidung entspricht.

6. *Jeder Gedanke, jedes Gefühl, jedes Wort und jede Handlung ist eine Ursache und kehrt als Ereignis zu Ihnen zurück.*

*Jeder Gedanke ist* ein Ereignis, das nur noch nicht in Erscheinung getreten ist, aber zuverlässig in Erscheinung treten wird, ganz gleich, ob das erwünscht oder unerwünscht ist.

Sie können so *alles* verursachen, auch Ihren Erfolg, der dann zuverlässig er-folgen *muss.*

7. *Einem jeden geschieht nach seinem Glauben.*

Die entscheidende Ursache in Ihrem Leben sind *Ihre Überzeugungen.* Auch hier sollten wir die Weisheit der Sprache beachten: Über-zeugungen *zeugen* Realität.

Unsere Überzeugungen sind die Ursache für die erlebte Realität. In dem Maße, wie wir nicht bewusst mit unseren Überzeugungen umgehen, entzieht sich die Realität unserer Kontrolle. Über die bewusste Wahl Ihrer Überzeugungen können Sie Ihre Realität bestimmen.

*Wenn wir unsere Überzeugungen nicht bewusst bestimmen, übernehmen die bisherigen Überzeugungen die Gestaltung der Zukunft. Jeder erlebt so seine als Realität sichtbar gewordenen Überzeugungen.*

Mein jetziger Standpunkt schafft die Realität von morgen und verstärkt meinen jetzigen Standpunkt.

Ob ich glaube, etwas zu schaffen oder nicht, ich behalte in beiden Fällen Recht. Wovon Sie überzeugt sind, schafft das, wovon Sie überzeugt sind.

Ein wichtiger Schritt der Selbsterkenntnis heißt: Wenn Sie Ihre Überzeugungen erkennen wollen, *schauen Sie auf Ihre Lebensumstände, die machen Ihre Überzeugungen sichtbar.*

Ihre Überzeugungen bestimmen, *ob*, *was*, *wann*, *wie* in Erscheinung tritt. Ihre Überzeugungen bestimmen auch, *wie viel Zeit* etwas braucht.

Dieses geistige Gesetz finden wir schon in der Bibel: »Einem jeden geschieht auch nach seinem Glauben.«

Innerer Erfolg lässt äußeren Erfolg *unvermeidbar* werden. Das Leben hat gar keine Wahl, kann Ihnen nicht »dazwischen pfuschen«.

Beachten Sie dabei auch: Ein so genannter Misserfolg ist nur ein noch nicht zu Ende geführter Erfolg, kein Endresultat, sondern ein Zwischenergebnis. Durch Umwandlung von Misserfolg in Erfolg können Sie jedes Spiel gewinnen. Und *jeder* Misserfolg kann in einen Erfolg gewandelt werden, *wartet* regel-recht darauf! Jeder Abfall der Vergangenheit kann so zum Kompost für die Zukunft werden.

Es geht nicht darum, Erfolg zu *wollen* (auch das ist eine Anweisung und Bestellung!), sondern selbst ein Erfolg zu *sein*, dann folgt das *haben*. Bevor ich Erfolg habe, muss ich Erfolg sein. Dann folgt zuverlässig Erfolg.

*8. Jede Mühe zeigt nur, dass es anders leichter geht.*
Erfolgreich sein kostet nicht mehr Mühe, als erfolglos zu sein, macht aber viel mehr Spaß! Denn ob ich die »richtige« Ursache setze oder die »falsche« – es kostet die gleiche Energie.

Viele glauben, um erfolgreich zu sein, müsse man hart arbeiten. Doch harte Arbeit ist *keine* Ursache für Erfolg. Jeder, der etwas meisterhaft beherrscht, beherrscht es mühelos und leicht. Sicher ist für das Training von Fertigkeiten eine Zeit lang Fleiß notwendig, aber keine harte Arbeit. Fleiß macht Freude, harte Arbeit nicht.

Sie sollten daher *nie mehr hart arbeiten* und dafür *bezahlten Urlaub für immer* nehmen. Lassen Sie sich *dafür* gut bezahlen, was Ihnen wirklich *Freude* macht.

Denn denken Sie daran: Wenn Sie beginnen zu »arbeiten«, hören Sie auf, kreativ und produktiv zu sein. Kreativität und Produktivität entstehen nur spielerisch. Mit anderen Worten: Das Leben meistert man spielend oder gar nicht.

*9. Wie innen so außen, wie im Kleinsten so im Größten.*

Erfolg kann man machen, aber auch verhindern! Hören Sie auf, Ihren Erfolg erfolgreich zu verhindern.

Sie sind von Natur aus ein Gewinner. Das Leben hat Sie gar nicht anders geplant. Auf Ihrem Typenschild steht: Gewinnertyp, also leben Sie auch als Gewinner. Gewinner gewinnen ständig. Gewinner wissen, dass sie es schaffen, und weil sie davon überzeugt sind, schaffen sie es auch immer wieder!!

Gewinner finden für jedes Problem, jede Aufgabe eine Lösung.

Verlierer dagegen finden in jeder Lösung ein Problem. Verlierer erkennt man schon am Start daran, wie sie *starten*, Gewinner auch!

Gewinnen ist eine Gewohnheit, Verlieren leider auch.

*Verlierer haben ihr Gewinnerbewusstsein verloren.* Das ist ihre Tragik. Aber was man verloren hat, kann man auch wieder finden, neu entdecken – sich als Gewinner neu erkennen!

Alles bewusst loslassen, was nicht wirklich zu mir gehört: Ärger, Stress, Angst, Neid, Minderwertigkeitsgefühle, Eitelkeit, die Gewohnheit, Dinge hinauszuzögern, Selbstmitleid, Rache, Egoismus, Aggressionen, Enttäuschungen, mentale Fehlprogramme, Sorgen, Empfindlichkeit, Zweifel, Wut, Verurteilen, Unehrlichkeit.

Machen Sie sich bewusst, *Sie sind ein Sender.* Was senden Sie gerade aus und was ziehen Sie damit an? Senden Sie als Gewinner?

Alles bringt sie weiter, wenn sie richtig damit umgehen.

Sie können aus allem einen Erfolg machen und jedes Spiel gewinnen!

*10. Sie können vom Leben alles haben.*

Nach dem Energie-Erhaltungsgesetz kann Energie nicht verloren gehen. Beharrlich bewegte Energie überwindet jeden Widerstand und muss letztlich zu dem beabsichtigten Ergebnis führen, wenn Sie vorher nicht aufgeben.

Wenn Sie mit der Macht Ihrer Gedanken Mangel erzeugen können, dann können Sie *ebenso* zuverlässig Fülle, Wohlstand und Erfüllung schaffen.

Da Sie 100 Prozent erfolgreich *in jedem Fall* sind, bestimmen Sie mit der Wahl der gesetzten Ursache, welches Ergebnis das Leben hervorbringen *muss!*

*Alles* ist möglich! Der Schlüssel zum Erfolg ist das Vertrauen in uns selbst.

Das Leben funktioniert nach dem Gesetz: »wenn – dann« und »wenn nicht – dann nicht«. Wenn ich säe, werde ich ernten. Und wenn ich gesät habe, kann ich nur ernten, was ich gesät habe, und nichts anderes. Ich habe in jedem Augenblick die Wahl, was ich säen will, das Leben muss zuverlässig hervorbringen, was ich gesät habe.

So lassen sich die Regeln des Erfolgs zusammenfassen in das *Gesetz des Erfolgs: »Erfolg ist das, was erfolgt, unabhängig von der Absicht. Stimmen Ursache und Absicht überein, kann alles Erwünschte bewirkt werden. Erfolg ist letztlich die Fähigkeit, sich alle Wünsche mühelos und leicht zu erfüllen.«*

## *Leben als Gewinner*

Als Gewinner leben heißt, Ihre Aufmerksamkeit auf Lösungen und Erfolge richten und gerichtet halten, denn *worauf Ihre Aufmerksamkeit gerichtet ist,* dorthin fließt Ihre Schöpfungskraft, und das verwirklicht das Leben.

Die meisten Menschen richten ihre Aufmerksamkeit ständig auf die Schwierigkeiten und Probleme des Lebens, obwohl diese nur etwa 3 Prozent dessen ausmachen, was wirklich geschieht. Dadurch aber bleibt auch die Aufmerksamkeit des Unterbewusstseins permanent darauf gerichtet und verursacht damit ständig neue Probleme. So wird unser Leben immer schwieriger.

Selbst wenn wir mit dem Verstand dann und wann andere Ursachen setzen, können diese sich nicht verwirklichen, weil das Unterbewusstsein ständig dagegen schöpft und unsere Schöpfungskraft 24 Stunden täglich auf Schwierigkeiten gerichtet hält.

*Nun steht es Ihnen frei, Ihre Aufmerksamkeit bewusst auf das zu richten, was Ihnen in Ihrem Leben wichtig ist:* also Erfolg, Gesundheit, harmonische Beziehung, geistige Entwicklung, wenn Sie wollen Erleuchtung, und zu erleben, wie genau das sich in Ihrem Leben manifestiert. Das ist der Schritt vom Opfer zum bewussten Schöpfer aller Umstände. Ihre derzeitige Lage, mag sie noch so schwierig oder gar aussichtslos sein, ist ohne jede Bedeutung, denn in diesem Augenblick können Sie alles ändern. Sie brauchen keinen, der Ihnen dabei hilft, keinen Erlöser. Sie haben *jederzeit alles,* was Sie dazu brauchen.

Wenn ich z. B. mit meiner Aufmerksamkeit ganz in meinem

Körper bin, fühle ich sofort Kraft und Vitalität, Ruhe, Sicherheit – eben alles, worauf ich meine Aufmerksamkeit richte. Seien Sie einmal mit Ihrer ganzen Lebenskraft in Ihrem Körper. Das fühlt sich doch unglaublich gut an, also warum sollten Sie es jemals wieder ändern wollen? Geben Sie *jetzt* Ihrem Körper die energetische Information von vollkommener Gesundheit und Vitalität und Lebensfreude.

*Indem wir die Richtung unserer Aufmerksamkeit ändern, ändert sich unser ganzes Leben*, denn damit ändert sich auch die Richtung der Aufmerksamkeit unseres Unterbewusstseins und damit unserer Schöpfungskraft auf erwünschte Umstände, Verhaltensweisen und Situationen, aber auch erwünschte Zufälle und Begegnungen – mit einem Wort, auf unser Glück. Und wir erkennen: Glück ist machbar. Wir können so das Glück »abonnieren«!

## *Der Weg des geringsten Aufwands*

*Alles »geschieht« völlig mühelos, und wenn es nicht mühelos geschieht, zeigt das nur, dass es anders leichter ginge!*

Das Leben geht immer *den Weg des geringsten Aufwandes*, d. h. es ist energiesparsam. Wenn wir uns in der *Entspannung* befinden, fließen uns die wichtigsten Ideen zu. Kreativität, Inspiration lassen sich nicht »ermühen« und erzwingen. Sie sind Kinder der Mühelosigkeit, der Verspieltheit. »Werdet wie die Kinder!«, heißt doch auch: Es geht im Leben nicht darum zu arbeiten, sondern zu *spielen!*

Das Leben ist leicht, unbeschwert, harmonisch und liebevoll. Nehmen wir nur einmal die *Liebe* als Beispiel. Kann es echte Liebe sein, wenn ich sage: »Ich bemühe mich, dich zu lieben«, oder »Es fällt mir schwer, dich zu lieben«, oder »Dich zu lieben ist ein Kampf für mich«, oder »Ich versuche dich zu lieben«?! Da stimmt doch etwas nicht! Liebe ist unbeschwert, leicht, mühelos, harmonisch. Liebe sagt immer »Ja!«

Und genau so ist das wirkliche Leben. Das Leben ist nicht beschwerlich.

Schauen wir uns die Natur an. Was ist in der Natur »beschwerlich«? Fällt es einem Schmetterling schwer zu fliegen? Bemüht sich ein Bussard, in der Luft zu stehen? Kämpft eine Schwalbe, um in der Luft zu bleiben? Die Natur *versucht nicht* zu wachsen, sondern wächst einfach. Wenn wir es uns im Leben schwer machen, dann nur, weil wir uns – unbewusst oder bewusst – dazu *entschieden* haben. Aber das ist nicht *das Leben*, wie es *sein kann!*

Das Leben sagt: »Tue weniger und erreiche mehr!«, oder »Du erreichst mehr durch Spiel als durch Arbeit.« Ein Fluss ist im Fluss. Da gibt es keine Arbeit, keine Mühe und keinen Kampf. Leben will, dass wir ihm vertrauen, uns der Strömung anvertrauen, selbst Teil der Strömung werden.

Am Ende lernen wir die Kunst des Nicht-Tuns und in diesem Sein alles zu erreichen. Das ist dann die hohe Schule des Erfolgs. ICH BIN Erfolg, und es folgt Erfolg.

## *Die spirituelle Dimension des Erfolgs*

Erfolg zu haben ist etwas ganz Natürliches. Im gewissen Sinne können wir nicht *nicht* Erfolg haben. Doch es kommt ja darauf an zu lernen, die Resultate unseres Handelns mit unserer Absicht in Einklang zu bringen. Dies zu erreichen ist nur auf spirituellem Weg möglich.

Denn wir haben in unserem Leben Misserfolge, solange die Absicht unseres Egos und die Absicht unserer Seele sich nicht im Einklang befinden. Jeder Misserfolg ist dabei nur eine Botschaft: »Du bist auf dem Weg, aber noch nicht am Ziel.«

Zur *Erfolgsabsicht unserer Seele* gehören: lernen, bedingungslos zu lieben; das Leben zu genießen und alles in Freude zu erleben; sich immer neu zu erfahren und neu zu erfinden; innere Erfüllung, Glück und Glückseligkeit zu erleben, andere Menschen erfreuen und beglücken zu können; den Sinn des eigenen Lebens zu erkennen und zu leben; in Verbundenheit mit allem zu sein.

Die Erfolgsabsichten unserer Seele haben wenig mit materiellem Besitz zu tun und unterscheiden sich von den Erfolgsabsichten unseres Ego. Doch die Gesetze des Lebens funktionieren so, dass wir bei der Verfolgung egoistischer Absichten immer *ein Leben in Stress und Kampf* führen und kein dauerhaftes Glück und dauerhaften Frieden erfahren. *Unsere sehnlichsten Wünsche führen uns immer zu unserer Seele.* Und je mehr wir diesen Weg gehen, desto mehr werden Kampf und Stress im Leben als Signale des nicht optimalen Weges überflüssig.

Wenn wir die Absicht und den Weg der Seele gehen, dann ist unser Leben mit Freude, Enthusiasmus, Begeisterung, Euphorie und Leidenschaft erfüllt. *In dieser Ekstase des Lebens zeigt sich, dass wir in Resonanz mit der Erfolgsabsicht unserer Seele sind.*

Unser Lebensgefühl ist dann: ICH BIN *Erfolg.* Was *immer* ich erlebe, ist im Einklang mit meiner Seele, auch wenn nicht immer im Einklang mit meinem Ego. Was immer ich erlebe, ist *meine wahre Absicht.* Erleben und Absicht sind in jeder Sekunde im Einklang. So *erlebe* ich alles als *Erfolg* und lebe in der spirituellen Dimension des Erfolges.

## *Ihre Aufmerksamkeit auf Erfolg richten*

Es gibt einige Leitsätze, die Ihnen helfen, Ihr Leben immer erfolgreicher zu gestalten:

- Ihren Erfolg nicht mehr erfolgreich verhindern.
- Eine optimale Grundhaltung als *Gewinner* schaffen.
- Ein Wohlstands- und Erfolgsbewusstsein schaffen.
- Das Leben meistert man spielend oder überhaupt nicht.
- Ihre Überzeugungen bewusst machen und optimieren.
- Das Selbstbild als Erfolgsfaktor nutzen.
- Leben als Gewinner – *alles* ist möglich.
- Ihre Einstellung zu Erfolg optimieren.
- Eine klare Erfolgs-Definition schaffen.
- Zielklarheit schaffen.
- Einem jeden geschieht nach seinem Glauben.
- Ich kann nur bekommen, was ich schon geistig *habe!*
- Jeder ist immer zu 100 Prozent erfolgreich.
- Wenn Absicht und gesetzte Ursache übereinstimmen, wird der Erfolg »unvermeidbar«.
- Jeder bekommt immer nur das, was er verursacht.
- Das »Gesetz der Resonanz« beachten.
- Eine »charismatische Persönlichkeit« werden.
- Kompetenz, Souveränität entwickeln.
- Ein Experte werden.
- Sympathisch sein und Charisma-Training durchführen.
- Alles loslassen, was den Erfolg be- oder verhindert.
- Selbstverantwortung übernehmen.
- Selbstbestimmt Chancen erkennen und nutzen.
- Ihr Bestes geben und ständig dazulernen.
- Rückschläge als Sprungbrett nutzen.
- Ihre Strategie flexibel an Situationen anpassen.
- Unbeirrt Ihren Weg gehen. Ihre geistige Kapazität ständig steigern.

- Gesund und vital bis ins hohe Alter bleiben.
- Ihre Erfolgsintelligenz wecken.
- Intuition, Kreativität, Genie entfalten.
- Den »Weg der Freude« gehen.
- Sich ständig neu definieren (er-finden).
- Harmonische Beziehung – seien Sie ein idealer Partner.
- Stimmschulung – Ihre hörbare Visitenkarte optimieren.
- Führen lernen: ein Gespräch, eine Situation, Beziehung, Firma, das Leben.
- Noch erfolgreicher werden, indem Sie andere erfolgreicher machen.
- Bewusst wählen, was sein soll.
- Ein »Erfolgs-Tagebuch« schreiben.
- Ein bewusster Sender sein.
- Das »Geheimnis der Wandlung« nutzen.
- Probleme sind Auf-Gaben, und *alles* ist eine Chance.
- Jede Kritik ist immer ein Kompliment und eine Hilfe.
- Ihre innere Erfolgsformel schaffen.
- Die Macht des ersten und zweiten Eindrucks nutzen.
- Die Kunst des Händeschüttelns und Humors entwickeln.
- Ärgern, Kampf und Stress verlernen.
- Tägliche Revision praktizieren und alles erfolgreich beenden.
- Originalität und Stil entwickeln und wirklich »märchenhaft« leben.
- Das Leben »zelebrieren« und die »Kunst des Genießens« praktizieren.

Was, letzten Endes, ist Gott?
Ein ewiges Kind, das in einem ewigen
Garten ein ewiges Spiel spielt.

*Sri Aurobindo*

Freundlichkeit in Worten erzeugt
Vertrauen. Freundlichkeit im Denken
erzeugt Weisheit. Freundlichkeit
im Geben erzeugt Liebe.

*Laotse*

## Das Gesetz des Lernens

Wir sind auf dieser Welt, um leben zu lernen, um das Leben zu meistern.

Leben ist fließende, wirksame Energie. Wird ein Aspekt dieser Energie nicht zugelassen, entsteht ein Stau. Auf der einen Seite Druck, auf der anderen Seite ein Mangel.

Lasse ich in meinem Leben zum Beispiel den Aspekt »Durchsetzungsvermögen« nicht zu, so wird sich der Mangel vielleicht darin ausdrücken, dass ich bei der Beförderung übergangen werde, dass ich eine Stellung nicht bekomme oder ein anderes Ziel nicht erreiche.

Auf der körperlichen Ebene kann der Mangel als Muskelschwäche, Zahnfleischschwund oder Haarausfall auftreten.

Auf der anderen Seite erscheint gleichzeitig der Druck als »Notwendigkeit« in den Lebensumständen, mich einer unerfreulichen Aussprache zu stellen, einem Gerichtsverfahren oder Ähnlichem und damit gleichzeitig als Chance, den Aspekt »Durchsetzungsvermögen« zu entwickeln, die Aufgabe zu lösen und wieder frei zu sein.

Geschieht das nicht, beginnt der Kreislauf von vorn, indem ich durch Vermeiden der unerfreulichen Aussprache Nachteile erlebe. Ich verliere das Gerichtsverfahren, weil ich mich nicht genügend eingesetzt habe, und erlebe verstärkt den Mangel und gerate unter immer größeren Druck. Bis irgendwann der Druck unerträglich, der Mangel nicht mehr auszuhalten ist und ich endlich handele.

Die Schöpfung will mich damit nicht ärgern, sondern zwingt mich durch Erhöhung des Leidensdrucks zur Entwicklung, wenn ich sie irgendwo blockiere. Leiden ist eine Botschaft für nicht gelebtes Leben. Wenn ich wirklich im Fluss des Lebens bin, das Leben zu meistern gelernt habe, dann wird auch Leiden überflüssig.

Wir lernen, uns selbst zu erkennen und zu uns selbst zu kommen. Das Gesetz des Lernens lautet: *»Das Leben lehrt uns durch seine Botschaften, das Leben zu lernen und zu meistern, um zu uns selbst zu kommen.«*

Das Leben stellt uns dazu zwei große Lehrmeister zur Verfügung:

- Lehrer in Form von Krankheit, Katastrophen, Problemen (sehr strenge Lehrer!)
- und die Lehrer der sanften Botschaften (geduldige Lehrer)

Zuerst lernen wir, Krankheiten, Katastrophen, Probleme aus unserem Leben zu verbannen, dann sind wir offen für die stilleren Lehren, die uns das Leben erteilt.

So lernen wir, von den Unstimmigkeiten und Disharmonien des Lebens zu den Stimmigkeiten zu kommen. Wenn wir das Leben dann zu meistern gelernt haben, *führen wir ein wirklich stimmiges Leben – im Einklang mit uns und der Welt.*

Alles, was wir erleben, ist eine Botschaft. Das Leben »spricht« ständig zu uns. Die »Sprache des Lebens« ist die wichtigste »Fremdsprache«, die wir lernen sollten. *Wenn wir diese Sprache beherrschen, haben wir gelernt, unser Leben zu verstehen und zu meistern.*

Das Leben sagt uns in seiner Sprache, wie wir glücklich werden können, das Leben erfüllen, und zeigt uns den Weg. Wirklich zu leben ist unsere Berufung, und das Leben selbst ist unser individueller Lernpfad und Einweihungsweg. Unser Leben ist der Spiegel unseres Bewusstseins. Mit unserem Bewusstsein schaffen wir unsere Welt, und über die »Sprache der Lebensumstände« zeigt uns das Leben, was wir geschaffen haben. Im Grunde ist *alles*, was mir widerfährt, eine Botschaft, denn alles spiegelt mein So-Sein wider und fordert mich auf, im Ein-Klang mit mir zu leben.

Da ich ein Teil des Lebens bin, *steht das Leben ständig mit mir in Verbindung und in Kommunikation.* Das Leben »spricht« ständig zu mir, aber nicht in einer *einzigen* Sprache, es zeigt mir lebendig *auf allen Ebenen*, wie es ist. Meine Aufgabe ist es, das Leben zu erkennen, zu verstehen und in Harmonie mit dem Leben zu sein. Das Leben ist offen und transparent, vor allem: *lebendig!*

Die Botschaft des Lebens ist in Wirklichkeit keine Fremdsprache, sondern *ein Spiegelbild meines Seins.* Ich brauche es nur anzuschauen, kann im »Buch der Schöpfung« lesen, dann verstehe ich das, was mir bisher fremd war, wie meine Muttersprache.

Mein Auto »spricht« auch nicht zu mir, aber es zeigt an, wie viel Benzin ich noch habe, wie viel Öl, wie schnell ich fahre, wie hoch die Drehzahl des Motors ist usw. Es hat also verschiedene »Anzeigeinstrumente«. Ich brauche sie nur zu beachten. Genauso ist es mit dem Leben.

Das Leben schickt entweder: ein Angebot, eine Chance, eine Möglichkeit, ein »Handzeichen«, eine Aufforderung, einen An-Stoß, eine Mahnung, eine Er-innerung, einen Schubs, einen Tritt, einen Schicksalsschlag, Krisen, »Nachhilfeunterricht«, eine Katastrophe oder eine Bestätigung, Be-Stärkung, Zu-stimmung.

Je mehr ich mich auf das Leben einlasse, je mehr »Tiefgang« ich im Strom des Lebens habe, desto stärker spüre ich die »Strömung«, desto stärker spüre ich auch, dass ich getragen werde. Wir empfangen auf allen Ebenen ständig Botschaften, nehmen sie aber nicht immer wahr, weil wir abgelenkt und beschäftigt sind.

Dabei können wir verschiedene Zeitebenen wahrnehmen:

- ICH BIN unmittelbar im Ein-Klang mit dem Leben.
- Ich *denke* und weiß einen Augenblick später, ob es »stimmt« oder nicht.
- Ich *fühle* bald danach, wenn es stimmt, ein Wohlgefühl, Freude, Gesundheit.
- Ich *erlebe* es später energetisch als Energie, Motivation, Lebensqualität.
- Ich *erlebe es sichtbar* nach einiger Zeit als Ereignis, Geschehen, Lebensumstand, »Ein-Druck«, Ding, Begegnung, »Vor-Gang«.
- Ich *erinnere* es noch später als Vergangenheit, Erinnerung, Jugend, als gewesen, als vorbei.

Die Botschaften des Lebens erreichen uns auch über verschiedene *Medien*:

- Es ist wie *Telepathie* auf der ICH-BIN-Ebene, ich erlebe es unmittelbar ohne Zeitverzögerung mit, wenn ich ICH-SELBST bin.

- Das Leben sendet die Botschaft aber auch über *Telefon*, das ist die mentale Ebene, dann weiß ich es auch.
- Das Leben schickt auch noch eine Bestätigung über *Fax*, dann fühle ich es auch noch.
- Das Leben schickt es mir aber auch noch schriftlich als *Brief*, dann geschieht etwas.
- Das Leben sendet es auch noch über *Radio*, dann höre ich etwas, über einen anderen, bekomme eine Information.
- Das Leben sendet es aber auch über *Fernsehen*, dann erlebe ich es über ein Du mit, über einen anderen.
- Das Leben schickt es mir auch noch als *Paket*. Das sind dann die Lebensumstände, die sichtbar gewordenen Ereignisse, Dinge, Begegnungen, Geschehnisse, Vorgänge, Eindrücke.
- Ich kann das Ganze später auch über *Video* abfragen, kann mir die »Auf-Zeichnungen« des Lebens anschauen, z. B. über Rückführungen in vergangene Situationen oder frühere Leben.
- Ich kann die Botschaft jederzeit auch über *Tests* sichtbar machen.
- Ich kann die Botschaft auch über ein *Orakel*, Tarot, I-Ging usw. abfragen, kann die Bibel aufschlagen oder ein Buch.
- Ich kann mir die Botschaft aber auch als *Symbol* sichtbar machen lassen. Als Zeichnung, Traum usw.

Worauf es aber ankommt ist, die Botschaft und Konsequenz nicht nur zu erkennen, sondern auch zu befolgen.

### *Der Umgang mit Problemen*

Die deutlichsten und hartnäckigsten Botschaften sind zunächst die »Probleme des Lebens«:

Jedes Problem, jede Krankheit, jede Schwierigkeit, jeder Schicksalsschlag, jede Krise ist *ein Geschenk des Lebens an mich!* Ein liebevoller, wenngleich oft schmerzhafter Hinweis darauf, dass ich nicht schöpfungsgerecht lebe, und eine Auf-Gabe, die ich zu lösen habe, um richtiger, stimmiger, besser zu leben.

Habe ich ein Problem, bedeutet das stets die Nichtakzeptanz einer Realität. Es enthält ein Nichtkonfrontieren, eine Erwartung oder Befürchtung, einen bestimmten Anspruch oder eine Vorstellung, die nicht mit der Realität übereinstimmen. Also sollte ich mich fragen, wenn ich ein Problem habe:

1. Was bin ich nicht bereit zu konfrontieren?
2. Wo erwarte oder befürchte ich etwas?
3. Welchen Anspruch habe ich an das Leben?
4. Wo habe ich feste Vorstellungen, wie das Leben zu sein hat?

Jedes so genannte Problem ist eine Auf-Gabe, die das Leben mir jetzt stellt, und daher ist jedes Problem auch jetzt von mir zu lösen. Jedes Problem ist ein »Maßanzug« für mich, und ich habe jetzt alle Fähigkeiten und Kräfte, die ich zu seiner Lösung brauche.

Das Problem ist nur die Verpackung. Das *Geschenk*, die Lernaufgabe, ist das, was darin enthalten ist und was ich immer finde, sobald ich die Verpackung, das so genannte Problem, »gelöst« habe. Das ist die Lernaufgabe.

Das »Pro-blem« ist also *für* mich da, *nicht gegen* mich, sonst müsste es ja »Contra-blem« heißen. Das Problem ist also eine Aufgabe des Lebens an mich, das immer eine Gabe enthält, die ich finde, indem ich die Aufgabe löse. Die darin enthaltene Gabe ist die Erkenntnis, das Einzige, was ich aus einem Leben mit »nach Hause« nehmen kann.

Die Auf-Gabe besteht aber oft auch darin, dass ich etwas *auf-geben* muss, etwas verlernen oder loslassen. Doch was immer auch das Leben von mir erwarten mag, es sagt mir dies deutlich in *seiner* »Sprache«, der Sprache der Lebensumstände, und es liefert immer auch die Lösung mit – sie ist bereits in der Aufgabe enthalten.

Wenn wir Schwierigkeiten haben, unsere Probleme zu erkennen, gibt es ein einfaches Hilfsmittel. Jede Abneigung ist ebenso wie jede Zuneigung ein Hinweis auf ein Problem, also auf eine Aufgabe des Lebens. Also sollten wir nicht in Problemen denken, sondern in Lösungen, *die Lösung im Problem selbst erkennen.*

Einschränkende Verhältnisse und Lebenssituationen sind dazu da, uns auf zu Grunde liegende geistige Fehlhaltungen aufmerksam zu machen. Haben wir sie durchschaut, können wir sie durch Ändern unserer Gedanken auflösen.

Viele Probleme entstehen dadurch, dass wir das »Gestern« heute noch mit uns herumschleppen. Aber das Gestern ist tot, und alles Tote, das ich mit mir herumschleppe, erschwert die Reise in die Zukunft unnötig.

Für manche ist es auch ein Problem, dass sie einen Fehler gemacht haben. Aber niemand kann lernen, kann die »Schule des Lebens« besuchen, ohne Fehler zu machen. Ein Fehler beweist nur, dass da jemand etwas getan hat, anstatt nur zu reden.

*Mit großen Problemen sollte man sich beschäftigen, solange sie noch ganz klein sind, das heißt, sofort, wenn sie in mein Bewusstsein treten.*

Der erste Schritt ist zu erkennen:

- Was ist die Auf-Gabe meiner derzeitigen Situation?
- Was soll / kann ich daraus lernen?

- Was muss ich ändern, um danach richtiger, stimmiger, besser zu leben?
- Was sind die Konsequenzen daraus?
- Wie sieht dadurch ab sofort mein weiteres Leben aus?
- Wie nutze ich diese Chance wirklich?
- Wie vermeide ich, dass das Leben diese Botschaft wiederholt?

Mein Leben entspricht meinem Glauben, meinem inneren Bild. Entsprechend diesem inneren Bild erscheint mir das Leben als: Problem – Kampf – Spiel – Freude – Liebe – Sein.

Es kommt auf den Standpunkt an, ob ich überhaupt ein Problem haben kann, *denn in Wirklichkeit gibt es keine Probleme, sondern nur eine problematische Einstellung zu den Aufgaben des Lebens.* Die Wirklichkeit ist und Wirklichkeit heißt, weil sie wirkt, ganz gleich, ob ich an sie glaube oder nicht:

Ich bin eine ewig lebende Seele.

Dieses Leben ist nur eines von unzähligen, in denen ich immer neue Erfahrungen machen werde, und mein derzeitiges Problem ist nur eines von unzähligen, die ich bereits gelöst habe oder noch lösen werde. In ein paar Tagen, Wochen, spätestens Jahren, wird es vergessen sein, unwichtig geworden – gelöst sein. Warum also sollte ich mich jetzt darüber aufregen?

Ich weiß, dass es der Zweck des Lebens ist, mich ständig mit neuen Schwierigkeiten zu konfrontieren, und dass es der Sinn des Lebens ist, diese Schwierigkeiten optimal zu meistern und daran zu wachsen und zu reifen.

So entwickle ich eine ganz neue Einstellung zu Schwierigkeiten. Ich suche und finde in aller Ruhe die beste Lösung, führe sie durch und bin dann *bereit, die nächste Aufgabe zu lösen!*

Ich muss daher nicht auf irgendetwas warten, noch brauche ich Hilfe von außen. Der richtige Zeitpunkt, ein Problem zu lösen, ist immer dann, wenn es sich mir zum ersten Mal stellt, und die »Sprache der Lebensumstände« zeigt mir deutlich, welche Lösung das Leben von mir erwartet. Das Leben erwartet die Lösung JETZT.

### *Das Leben »spricht« zu mir*

Wenn wir uns von den strengen Lehrern, den Lehrern der Probleme, Krankheiten, Katastrophen und Schicksalsschläge, befreit haben, wir so den Weg der Freude gefunden haben, treten immer mehr die sanften Lehrer in unser Leben.

Sie drängen sich mit ihren Lehren nicht auf, sondern geben uns Lernangebote. Sind wir dafür wachsam und offen? So erkennen wir bald: Alles um uns herum ist eine Botschaft. Was wir auch ansehen, können wir als Botschaft deuten. Auf diese Weise betrachte ich meinen Glauben, meine Religion, meine Lebensphilosophie; die Botschaft meines Körpers; Ort, Art und Zeitpunkt des Symptoms sind weitere Botschaften, aber auch das Aussehen meines Körpers, denn Inhalt und Form sind identisch.

Weitere Botschaften sind:
- Persönlichkeit, Rolle, Maske
- die Botschaft der Lebensumstände
- die Botschaft meiner Probleme, Krisen, Schicksalsschläge, Katastrophen
- die Botschaft meiner »Zufälle«
- die Botschaft meiner Partnerschaft, Familie, Freundschaften, Wechsel, Scheidung, Alleinsein
- die Botschaft meines Berufes, meiner Berufung – Stadien in dieser Entwicklung

- die Botschaft meiner Wünsche, Träume – meiner Vision
- die Botschaft von »Glück« und »Pech« in meinem Leben
- die Botschaft des »Nachhilfeunterrichtes«: Wo unterrichten mich Dr. Krankheit und Dr. Leid? Welche Probleme / Aufgaben wiederholen sich immer wieder? In welche Situationen gerate ich immer wieder? Welche Lektion erhalte ich gerade von Dr. Alltag?
- die Botschaft meines persönlichen Erfolges
- die Botschaft meines Wohlstandes, Reichtums
- die Botschaft meiner Vorlieben und Ablehnungen
- die Botschaft meiner Hobbys
- die Botschaft der Freude in meinem Leben: was, wie, wann?
- die Botschaft meiner Ernährung als Spiegel meines Bewusstseins
- die Botschaft meiner Kleidung (Art, Farben, Schmuck)
- die Botschaft meiner Wohnung, Nachbarn
- die Botschaft meiner »inneren Bilder«
- die Botschaft der Intuition
- die Botschaft des Ärgerns, meiner Ängste, Sorgen
- die Botschaft der Energien in meinem Leben
- die Botschaft über das Tarot, Buch aufschlagen usw.
- die Botschaft meiner Empfindlichkeiten
- die Botschaft meiner Haustiere
- die Botschaft meiner Beziehungen zu Mutter, Vater, Geschwistern
- die Botschaft meiner Prägungen und Verhaltensmuster
- die Botschaft meiner Vorlieben (Lieblingsfarbe, -land, -musik)
- die Botschaft meiner Hindernisse und Blockaden, Chancen und Möglichkeiten
- die Botschaft: Wer sitzt neben mir? Wo sitze ich? Warum?
- Was mag ich an mir, den anderen und was mag ich nicht? Warum?

So werden durch das Deuten von Botschaften Charakter und Verhalten sichtbar, Stärken und Schwächen. Das eigene Leben wird als individueller Lernpfad und Einweihungsweg erkennbar.

Weitere vertraute Botschaften sind: Aggressionen, Stress, Selbstmitleid, Schuldgefühle, Trauer, Partnerverlust – aber auch: Erfolg, Wohlgefühl, Anerkennung, Freude usw.

## *Die Botschaft der Wünsche*

Jeder Wunsch, jedes Ziel ist eine Botschaft, *macht mich auf einen Mangel aufmerksam*, zeigt mir, dass ich nicht da bin, wo ich sein sollte.

Ich muss mich dabei immer fragen: Würde die Erfüllung meines Wunsches wirklich den Mangel beseitigen? Würde das Erreichen meines Zieles mich wirklich *mir* näher bringen? Was müsste ich tun, um den Mangel wirklich zu beseitigen? Was müsste ich tun, um dort zu sein, wo ich sein sollte? Was müsste ich tun, um so zu sein, wie ich eigentlich gemeint bin? Was ist zu tun, um mir wirklich näher zu kommen?

Auf welchen Mangel will mich *dieser* Wunsch aufmerksam machen? Zu welchem Schritt fordert mich *dieses* Ziel eigentlich auf? Welche Konsequenzen sind erforderlich, um *diesen* Mangel wirklich zu beseitigen, mir wirklich näher zu kommen?

Was ändert sich dadurch *ab sofort* in meinem Leben? Wie sieht mein Leben dadurch ab sofort aus? Was ist zu tun, damit ich dadurch wirklich richtiger, stimmiger, besser lebe? Was ist erforderlich, damit das Leben diese Lektion nicht zu wiederholen braucht?

*Jede Botschaft ist eine Lernaufforderung.* Wünsche bleiben so oft unerfüllt, weil die Lernaufforderung nicht erkannt wird: Erkenne in deinen Wünschen dein Armuts- und Mangelbewusstsein! Gehe aus dem Mangel ins Wohlstandsbewusstsein. Lass deinen Wunsch los und *sei* dein Wunsch.

### *Die Botschaften einer Situation*

Oft stehen wir vor wirklich merk-würdigen Situationen. Wir fragen uns ganz selbstverständlich: »Wie konnte das jetzt passieren?«, »Was soll das schon wieder bedeuten?«

Eine Situation, in die mich das Leben gestellt hat, ist auch eine Lernherausforderung, um *mich leichter zu erkennen, mich zu ent-wickeln, mir Selbst zu begegnen.*

Es ist vielleicht eine Aufforderung, meine wahre Berufung zu erkennen und zu verwirklichen. Eine Chance, ganz eins zu werden mit einem Du.

Fragen Sie sich also:

- Warum hat mich das Leben *in diese* Situation gestellt? Was ist meine wahre Berufung? Was ist die Chance dieser Partnerschaft? Was ist zu tun, um sie zu erkennen und zu erfüllen?
- Welche Konsequenzen ergeben sich daraus?
- Was ist zu tun?
- Was ist zu lassen?
- Was ist zu ändern?
- Was ändert sich in meinem Leben dadurch ab sofort?
- Was ist zu tun, um in Zukunft Botschaften in diesem oder einem anderen Bereich überflüssig zu machen?

Das Leben schickt mir ständig Botschaften, durch immer neue Botschafter. Alle Briefe, die ich bekomme – Liebesbriefe, Werbung, Mahnungen, Einladungen und Vorladungen –, sind immer von mir selbst verursacht. Ich kann nur erhalten, was ich not-wendig gemacht habe. Ich brauche die Botschaften nur zu erkennen, zu verstehen, sie anzunehmen und zu befolgen, indem ich mein Leben entsprechend ändere.

Allerdings sollte ich stets *die Botschaft vom Botschafter*

*trennen* und eine Botschaft nicht eventuell ablehnen, weil mir der Botschafter nicht gefällt. Sonst verhalte ich mich so, als würde ich eine Geldanweisung nicht annehmen, nur weil der Briefträger keine Krawatte anhat oder mir nicht sympathisch ist. Genauso sollte ich die Wahrheit und Weisheit nicht der Quelle wegen annehmen, aus der sie stammt, sondern *nur*, wenn sie meine innere Wahrheit anklingen lässt, wenn es in mir deutlich »Ja« sagt.

Ich bin der einzige Denker in meinem Universum. Alles, was an mich herangetragen wird, sind Lernangebote des Lebens an mich, und ich entscheide, ob sie zu mir gehören, ob ich sie annehme oder nicht. Ich nehme nur an, was ich als richtig erkenne, was wirklich zu mir gehört.

Ich lasse von nun an aber auch nicht mehr die Ausrede gelten: »Ich brauche die Botschaft nicht zu befolgen, weil der Botschafter das ja auch nicht tut.« Wenn der andere es nicht vollkommen tut, ist das für mich noch kein Grund, es auch unvollkommen oder gar nicht zu tun.

So erkenne ich auch immer deutlicher, dass der andere keine Schuld hat, ganz gleich, was »er mir antut«, denn er ist ja nur der »Bote des Schicksals«, die Ursache dafür liegt bei mir. Alles, was mir unangenehm ist, macht mich nur auf einen Mangel in mir aufmerksam, will mir in Wirklichkeit nur dienen und helfen.

In Wirklichkeit kann mir niemand schaden, kann mich niemand betrügen, denn er betrügt in Wirklichkeit sich selbst. Selbst wenn es ihm scheinbar gelingt, bin ich der Beschenkte, weil das Schicksal die Wirkung ausgleicht oder sogar ins Gegenteil verkehrt. Wie in Goethes Faust: die eine Kraft, die stets das Böse will und doch das Gute schafft.

Ich erkenne mich als Teil der allumfassenden Ordnung, erkenne, dass auch ich in Ordnung bin, so wie ich bin, und nehme mich in meinem So-sein dankbar an. Ich erkenne, dass das

Leben aus einer unendlichen Reihe von ersten Schritten besteht. Was immer geschieht, in dieser Situation war ich noch nie, und was immer ich gerade tue, ich tue es zum ersten Mal. Das Leben ist eine ewige Premiere, ohne Generalprobe, ist immer neu und einmalig. Aber ganz gleich wie es geht, es geht immer gut, und ich habe in jedem Augenblick die Wahl.

Ich brauche nicht mit dem Leben oder gegen das Leben zu kämpfen, ich muss auch nicht überleben, sondern wirklich *lernen zu leben.* Ich bin ein lebendiger Teil des Lebens, lasse mich vertrauensvoll auf das Leben ein und damit auf mich selbst. *Dann werde ich vom Leben getragen.*

Dann brauche ich keinen »Nachhilfeunterricht«, keinen Schicksalsschlag, keine Krise und erst recht keine Katastrophe mehr, die mich zwingt, endlich zu tun, was zu tun ist. Das brauche ich nur, solange ich *gegen* das Leben bin und damit gegen mich selbst. Wenn ich es zulasse, geschieht Leben »reibungslos« durch mich.

Wenn ich mich wirklich dem »Strom des Lebens« anvertraue, nicht gegen den Strom schwimme, nicht auf die eine oder andere Seite will, sondern in der Mitte bleibe, dann bin ich im Ein-Klang mit dem Leben, bin der Strom, bin das Ganze, bin im Fluss, in der Stimmigkeit, im Tao. Ich habe gelernt, was zu lernen ist – bin, der/die ICH BIN.

Ich kann in drei Worten alles zusammenfassen, was ich über das Leben gelernt habe: *Es geht weiter.*

*Robert Frost*

Was nicht wächst, stirbt.

## Das Gesetz der Wandlung

Das Leben ist Evolution. Evolution ist aber nicht etwas, das »da draußen passiert« – in Jahrtausendschritten. Evolution ist *jetzt* und *hier*, geschieht in jeder Sekunde. Wir sind nicht nur Teil der Evolution, *wir sind die Evolution. Wir sind keine Zuschauer, wir sind die Akteure.*

Deshalb ist *das Gesetz der Wandlung* das Gesetz, wie wir Evolution vollziehen. Es lautet: *»Das einzig Beständige ist der Wandel. Wir sind ständig im Wandel und leben durch Wandel. Alles, was ist, kann gewandelt werden, ist das, was sein soll. Wandel vollzieht sich im Dreiklang von Bewahren, Loslassen und Erneuern.«*

Realität ist bereit, jede beliebige Form anzunehmen, und das Leben wartet nur auf Ihre Anweisungen. Die »Kunst, das Leben zu wandeln«, *ist* eine Anweisung. Wandlung geschieht – so wie ein Fluss einfach nur fließt. Kein Fisch kann sich entscheiden, außerhalb des Flusses zu sein oder den Fluss umzulenken, zum Stillstand zu bringen oder sich an dem Fließen des Flusses zu beteiligen. *Der Fluss ist sein Element.* Ohne Fluss, Fließen und Schwimmen ist der Fisch nichts.

Wandel(n) ist *unser* Element. Widersetzen wir uns dem Wandel, ist der Fluss der Lebensenergie gestaut, blockiert, kommt es zu Problemen und Krisen, Krankheiten und Schwierigkeiten. Wie der Fisch im Wasser sind wir Schöpfer, indem wir im Wandel sind, Wandel herbeiführen.

### *Der Dreiklang von Bewahren, Loslassen, Erneuern*

Wir widersetzen uns dem Wandel vor allem dadurch, dass wir nicht loslassen können, uns an etwas klammern, was nicht mehr zu uns gehört. So machen wir uns das Leben nur unnötig schwer, führen Ballast mit uns herum, kommen nicht in die Leichtigkeit des Seins. *Glück* empfinden wir dann, wenn wir in dieser Leichtigkeit sind. Auch Gelassenheit kommt von Loslassen.

Machen Sie sich bewusst: Unser Körper erneuert sich ständig, jede Zelle. Wir nehmen Nahrung und Energie auf, erneuern uns in jeder Nacht, scheiden Abfall und Energie niedriger Ordnung aus. Und doch: Obwohl wir von der körperlichen Substanz her nicht der gleiche Mensch sind wie vor drei Jahren, haben wir doch unsere Persönlichkeit bewahrt. *Wir erneuern uns körperlich ständig und bleiben doch der, der wir sind.* Mit unserem Körper *leben wir* das Gesetz »Bewahren, Loslassen, Erneuern«.

Loslassenkönnen setzt eine Identifikation voraus, damit wir nicht »das Kind mit dem Bade ausschütten«. Erst wenn ich mich mit etwas identifizieren kann, *weiß ich, was zu bewahren ist*, und kann so leichten Herzens loslassen, was nicht mehr zu meiner Identität gehört. Die Frage ist also: *Als wer*, in welcher Identität, lasse ich los?

Viele Menschen identifizieren sich mit äußerem Besitz, mit ihrem Geldvermögen. Sie *sind* ihr Besitz. Je mehr wir uns dann aber mit uns selbst identifizieren, desto mehr können wir Besitz loslassen, die Besessenheit von Besitz, die Abhängigkeit, das Beherrschtwerden, die Bindung. Dann erkennen wir: *Bindung beruht auf Angst und Unsicherheit. Und wirklich frei ist der, der nichts braucht, an nichts gebunden ist.*

Gerade die Bindung an Geld und Besitz ist ein deutliches Zeichen von Unsicherheit. Dann kann man besitzen, was man will – und wird die Unsicherheit, die innere Leere, die Sucht, die Sehnsucht nach wirklichem Leben *nie* los, fühlt sich *ewig* gefangen.

Nicht loslassen zu können und sich an Altem festzuklammern ist *Ausdruck von Mangelbewusstsein.* Wer sich an Altes bindet, hat Angst vor dem Neuen. Der lebt nicht in der Fülle, in dem Vertrauen, ständig Neues und Besseres schaffen zu können. *Sicher ist nur das, was war.* Wer sich an Sicherheit orientiert, der orientiert sich an der Vergangenheit, dem fehlt das Vertrauen in die Zukunft. Wer gar das Schöne nur noch im Vergangenen sieht und nicht mehr in der Zukunft, der wird alt. Den lässt *das Leben* bald los.

Loslassen zu können ist Ausdruck von Wohlstandsbewusstsein: Es kommt immer Besseres nach! *Ich habe alle Freiheit zu schaffen, was immer ich will.* Aber zuerst muss ich loslassen (ein Vakuum schaffen), damit ich dem Leben Platz für das Neue mache.

Sind wir in der *Selbstidentifikation,* dann sind wir frei von *jeder* Bindung, dann leben wir in dem grenzenlosen Vertrauen, dass alles, was uns widerfährt, eine Liebeserklärung des Lebens an uns selbst ist. *In der Identifikation mit uns selbst haben wir unsere einzige Sicherheit erkannt, die Quelle unseres Lebens, unseres Reichtums, unseres Wohlstands.*

Die Sicherheit der Selbstidentifikation sucht keine Sicherheit mehr im Außen. Im Gegenteil: *Die Unsicherheiten des Lebens werden zum Lebenselixier, zum Abenteuer, zur Herausforderung.* Wir treten aus der Bequemlichkeitszone heraus, riskieren Neues, Unerwartetes, Überraschungen, Wildes. So *wird das Leben zur Freude!*

Loslassen ist auch ein ganz natürlicher Schritt in der Schöpfung: Wenn wir dem Leben Anweisungen geben, uns etwas bestellen, so ist es wie bei der normalen Post: Wir müssen die Bestellkarte in den Postkasten werfen und *loslassen.* Ohne Loslassen ist die Bestellung noch gar nicht aufgegeben!

Wenn ich einen Pfeil in den Bogen spanne, ein Ziel anvisiere, dann muss ich auch loslassen, damit der Pfeil sein Ziel erreichen kann.

Loslassen heißt: dem Leben vertrauen, dass das Bestellte auch bald in Erscheinung treten wird. Loslassen ist ein sicheres Zeichen, dem Leben zu vertrauen.

Loslassen heißt auch: Es ist erledigt, es ist nichts mehr zu tun. Es gilt nur noch, für das Bestellte empfänglich zu sein. Ohne Loslassen kann ich nichts erschaffen. Nicht loslassen zu können oder zu wollen macht mich zum Opfer. *Im Loslassen bewahre ich mich als Schöpfer!*

## *Was beim großen »Hausputz« loszulassen ist*

Zu den dicksten Wackersteinen im Rucksack der Vergangenheit gehören:

- Angst und Kontrollsucht
- Stress und Kampf
- negative Gefühle wie Selbstmitleid, Schuldgefühle, Ungerechtigkeit, Ärger, Minderwertigkeitsgefühle, Aggression, Krankheit
- negatives Denken wie Opferbewusstsein, Enttäuschungen, Erwartungen, Egoismus, Eitelkeit, Neid, Materialismus, Urteilen und Verurteilen, Probleme, Unehrlichkeit und Lüge, negatives Selbstbild
- schlechte Gewohnheiten wie »Aufschieberitis«, Genuss-

sucht, unachtsames Reden, falsche und gedankenlose Bestellungen an das Leben, Ziellosigkeit
- Eigenwille (statt: »DEIN Wille geschehe!«)

Wir lassen jedoch nur das los, das wir wirklich *in Liebe* loslassen können. Loslassen im Groll ist nur eine Bindung in negativer Energie und kein wirkliches Loslassen. Was man im Groll loslässt, das kommt durch die Hintertür wieder herein.

## *Wandlung verursachen*

*Alles was ist, kann gewandelt werden, in das, was sein soll.* Wandlung geschieht, indem ich meine Aufmerksamkeit von dem abziehe, was ich nicht wünsche, und auf das richte und gerichtet halte, was sein soll.

So werden Probleme zu Chancen, Aufgaben zu Lösungen, Krankheit zu Gesundheit, Mangel zu Fülle, Fehlschläge zu Erfolgen, Unzufriedenheit zu Erfüllung, Trennung zu Einheit, Ego zur Selbstidentifikation, das »Bisher« gewandelt zum Ideal und eine Möglichkeit zur Realität.

Eine Situation kann noch so schwierig oder gar aussichtslos sein, sie kann in *jedem* Augenblick gewandelt werden. »Tatsachen« sind nur Sachen, die einmal so getan worden sind und jederzeit anders getan werden könnten. Realität ist bereit, jede gewünschte Form anzunehmen. Das Leben wartet nur auf Ihre Anweisungen. Wandlung ist ein Weg, wie man jedes Spiel im Leben letztlich gewinnt, denn ganz gleich, was geschieht, alles kann gewandelt werden.

*Wandlung erfordert Zielklarheit.* Bevor ich etwas erreichen kann, muss ich wählen, was sein soll. Erst wenn ich das Ziel kenne, findet sich der Weg. Sobald ich das Ziel kenne, habe ich den halben Weg bereits zurückgelegt.

Worauf ich meine *Aufmerksamkeit* richte, dorthin fließt meine Schöpfungskraft.

Die meisten Menschen richten ihre Aufmerksamkeit ständig auf die Schwierigkeiten und Probleme des Lebens und erschaffen so immer neue Schwierigkeiten und Probleme. Sobald Sie Ihre Aufmerksamkeit auf das richten, was sein soll, beginnt es sich zu verwirklichen. Wenn Sie Ihre Aufmerksamkeit darauf gerichtet halten, hat das Leben keine andere Wahl, als genau das hervorzubringen.

Durch Wandlung bestimmen Sie auch den »Zu-Fall«, denn einem jeden kann nur das zu-fallen, was er durch sein So-Sein angezogen hat. Ihre gerichtete Aufmerksamkeit erschafft, worauf Sie sie richten und gerichtet halten.

Wandlung kann auch durch »Dauerauftrag« erfolgen, indem Sie die Überzeugung schaffen, dass etwas Bestimmtes jedes Mal geschieht. So können Sie sich zum Beispiel einen Parkplatz verschaffen und ihn jederzeit und überall sofort bekommen, indem Sie genau diese Überzeugung haben. Es ist dann nicht erforderlich, jedes Mal erneut eine Ursache zu setzen, sondern es geschieht durch Ihren »Dauerauftrag«.

*Permanentes Wandeln* ist die hohe Schule der Wandlung und heißt, alles Unstimmige *sofort* in das Stimmige umzuwandeln, und zwar in »Punktzeit«. Das heißt, *Wandeln braucht keine Zeit.* Sie richten Ihre Aufmerksamkeit auf eine Schwäche und lassen daraus in der Imagination eine Stärke werden. Aus einer Krise wird so eine Chance, aus einem Vorhaben Erfüllung. Einfach indem Sie durch Imagination das Energiefeld des Unerwünschten auflösen und die frei gewordene Energie zum Erwünschten transformieren – ebenfalls durch Imagination. Im gleichen Augenblick beginnt es zu geschehen.

Bevor Sie durch Wandlung eine Wahl treffen, können Sie mit Hilfe der Imagination verschiedene »Alternativ-Zukünfte« schaffen und »ausprobieren« und erst dann durch Wandlung »in Erscheinung rufen«, wenn Sie sich entschieden haben, welche Zukunft die größtmögliche Erfüllung bringt, besser, welche wirklich »stimmt«.

Alles, was ich in der äußeren Realität erleben kann, ist schneller und leichter in der Innenwelt erlebbar, vor allem in »Null-Zeit«. Das heißt, ich kann Ereignisse, die Jahre brauchen, sofort im JETZT erleben und damit verursachen.

Vor allem die Erfüllung eines Wunsches, verschiedene Möglichkeiten von beruflichem Erfolg, Besitz, viel Geld oder Macht. Aber auch verschiedene Reiseziele, den Wunsch, ein Kind zu haben, die Entwicklung einer Partnerschaft oder irgendein Vorhaben. Mit Hilfe der Imagination kann ich mich in die Erfüllung versetzen und prüfen, ob das wirklich ein lohnendes Ziel ist, und es erst dann durch Wandlung »in Erscheinung rufen«.

Ich kann so aber auch Schwierigkeiten erkennen, durcherleben, die sich auf dem Weg zu einem Ziel ergeben würden, und sie durch *Umwandeln* auflösen, *bevor* sie geschehen können.

Ich kann mich letztlich *selbst wandeln* und damit mein ganzes Leben. So wird alles »Bisher« unwichtig, was wirklich zählt, ist das: »Noch nicht«. Das ist meine Chance, das »innewohnende Ideal« einer Sache in Erscheinung zu rufen und als Realität zu erleben, was immer ich will, bis irgendwann nichts mehr zu wandeln ist, weil ich selbst »stimmig« lebe und so für mein stimmiges Leben zu einer lebenden Ursache werde.

Selig ist der Mensch, der den Nächsten
in einer Unzulänglichkeit genau so erträgt,
wie er von ihm ertragen werden möchte.
*Franz von Assisi*

# Das Gesetz der Freiheit

Das Gesetz der Freiheit stellt den Menschen in jedem Augenblick vor die Fülle der Schöpfung und gibt ihm die Freiheit der Wahl, aber auch den Zwang zur Entscheidung.

Auch wenn er sich nicht entscheidet, ist das eine Entscheidung. Ganz gleich, wie er sich entscheidet, er trägt die Folgen. Er bestimmt seine »inneren Bilder«, die sein Leben bestimmen. Er hat die Freiheit der Wahl, sich für den königlichen Weg der Erkenntnis zu entscheiden oder für den normalen Weg des Lernens durch Krankheit und Leid. Die Freiheit hat drei Ebenen:

*1. »Freiheit von ...«*

Der Mensch hat die Freiheit, sich in jedem Augenblick seines Seins aus der Sklaverei der Wunscherfüllung zu entlassen. Er ist frei, wenn er nichts mehr braucht, aus der Erkenntnis, dass die Schöpfung ohnehin das Beste für ihn vorgesehen hat und ihm *alles* zur Verfügung stellt, was er wirklich zum vollen Ausdruck des Lebens braucht, um in der Fülle zu leben. Nur so kann sich der Mensch auch aus dem Druck des Habenwollens befreien, aus der Erkenntnis heraus, dass jeder Besitz Illusion ist. Denn niemand auf der Welt kann irgendetwas besitzen. Alles wird hier zurückbleiben, wenn er geht. Das Einzige, das er mitnimmt, sind seine Erkenntnisse. Dafür allein hat er gelebt.

Ein wichtiger Schritt, um frei zu sein von … ist das Loslassen. Wahres Loslassen bedeutet, alles Falsche, Hinderliche und Störende zu lassen, es weder zu denken noch zu sagen, noch zu tun. Alles loszulassen, was nicht mehr wirklich zu mir gehört, auch meinen alten Bewusstseinszustand.

Dazu gehören Gefühle wie: Ärger, Angst, Sorgen, Stress, Schuldgefühle, Empfindlichkeit, Minderwertigkeitsgefühle, Selbstmitleid, Hass, Neid, Unsicherheit, Eitelkeit, Aufregung, Aggressionen, Wut usw.

Dazu gehören Verhaltensweisen wie: Bequemlichkeit, Unehrlichkeit, Lieblosigkeit, Intoleranz, Untreue, Verurteilen, Disziplinlosigkeit, Sucht, falsche Gewohnheiten, Bedürfnisse usw.

Dazu gehören Erwartungen wie: hohe, überzogene Ansprüche an sich, andere und die Welt, beachtet werden wollen, verstanden werden wollen, gefragt werden wollen, geliebt werden wollen, sich durchsetzen wollen, belehren wollen, mehr sein wollen als andere, siegen wollen usw.

Dazu gehört die Vergangenheit wie: Alte Vorstellungen, überholte Programme, alte Ziele, Normen, Grenzen, Erziehung, Umwelteinfluss, Klischees, Rollen, negatives Denken, negatives Selbstbild, falscher Beruf, Krankheit, Bindungen an Eltern, Partner, Kinder, Besitz, Karriere, Körper, Kränkungen, Beleidigungen, Enttäuschungen, Armut.

Aus der Erkenntnis heraus: »Was zu mir gehört; kann ich nicht verlieren; was nicht zu mir gehört, kann ich ohnehin nicht halten.« Und: »Es kommt immer Besseres nach!«

Dazu gehören letztlich auch der Eigenwille und das Ego. Wenn ich mich loslasse, fällt mein kleines Ich in das große ICH. Und das große ICH lebt und wirkt durch mich. Ein solcher Mensch ist wirklich frei. Er will nicht mehr haben, sondern nur noch sein und tun, was das Leben durch ihn verwirklichen will. Das führt zu absolutem Vertrauen, Geborgenheit und einer unerschütterlichen Gelassenheit.

*2. »Freiheit für ...«*

Der Mensch hat die Freiheit, sich als Ego zu sehen, getrennt von den anderen, er kann entsprechend seiner Sicht egoistisch leben, die Symphonie der Schöpfung stören und damit Disharmonie verursachen, die als entsprechendes Schicksal auf ihn zurückkommt. Er hat aber auch die Freiheit, sich als Teil des Ganzen zu erkennen. Zu erkennen, weshalb er gekommen ist, und alles loszulassen, was nicht zur Erfüllung seiner Aufgabe gehört, um ganz frei zu sein für seine Lebensaufgabe und seine Mission. Sie voller Freude erfüllen und so ein erfülltes Leben zu leben.

*3. »Wahre Freiheit«*

Die Geistigen Gesetze sind Wirklichkeit. Das heißt, sie wirken, ob ich daran glaube oder nicht. Ich kann dazu Nein sagen und mit ihnen kollidieren. Dann bekomme ich »Nachhilfeunterricht« vom Schicksal in Form von Krankheit und Leid. Ich kann aber auch Ja sagen und in Harmonie mit den Geistigen Gesetzen leben und der einen Kraft, die sie geschaffen hat. Ich kann mein erfülltes Leben leben. Ich habe die Wahl.

Das ist die einzige wahre Freiheit.

Immer sollte ich auf der Stelle sein,
die nach der Ewigkeit hin offen steht.
*Romano Guardini*

## Das Gesetz des Denkens

Jeder einzelne Gedanke verändert unser Schicksal, verursacht Erfolg oder Pech, Krankheit oder Gesundheit, Leid oder Glück. Wir müssen daher lernen, möglichst optimal mit unserem Denkinstrument umzugehen. Das heißt vor allem wahres Positives Denken: also zu erkennen, dass alles, was mir widerfährt, in Wirklichkeit für mich gut ist, weil ich es not-wendig gemacht habe und es mir nur dienen und helfen will. Deshalb sollte jeder die Aufgaben des Lebens annehmen und erfüllen, weil sonst das Schicksal gezwungen ist, die Lektion zu wiederholen, bis er sie gelöst hat.

Geistige Techniken müssen wir ebenso lernen wie das Laufen, Essen, Radfahren, Schwimmen. Auch Sprechen können wir nicht können wollen – wir müssen es Wort für Wort lernen. Im Leben schreitet der am sichersten voran, der am besten vorbereitet ist, der seine Kräfte optimal einzusetzen und seine Möglichkeiten voll auszuschöpfen weiß.

Unsere Lebensumstände existieren durch unsere Gedanken. Wir sind es, die Gedanken denken, die wiederum Handlungen nach sich ziehen. Diese wiederum erschaffen alle Wirkungen in unserem Leben – unsere Wirklichkeit. Die meisten Gedanken denken wir unbewusst. Unbewusste Gedanken aus der Kindheit wirken ebenso zuverlässig wie Meinungen anderer, die wir täglich hören und unbewusst annehmen. Aber auch Redewendungen, die wir selbst täglich gebrauchen, wie:

»Ich glaube nicht, dass es was wird.«
»Beim Geld hört die Freundschaft auf.«
»Das schaffe ich nie.«
»Ich bin heute wieder so kaputt.«

Durch ständige Wiederholung überzeugen wir unser Unterbewusstsein allmählich von der Wahrheit dieser Behauptung, und es beginnt, sich danach zu verhalten.

Der Unterschied zwischen einem Weisen und einem Narren besteht darin, dass der Weise seine Gedanken beherrscht, während der Narr von ihnen beherrscht wird.

*Gedanken, die wir nicht loswerden, werden unser Los!*

Die meisten Menschen können ihre Wünsche nicht verwirklichen, weil sie ihre Gedanken nicht beherrschen. Sie denken hin und her und zerstreuen so das wunderbare Potenzial ihrer schöpferischen Gedanken, anstatt sie konzentriert auf ein Ziel zu lenken und so zu erreichen, was immer sie denken und glauben können.

Lieber hoffen sie auf ein Wunder. Der Kranke auf eine medizinische Kapazität oder ein neues Wundermittel. Wenn das nicht hilft, auf einen Hypnotiseur oder Geistheiler, der ihn mühelos und sofort gesund macht – um danach genauso falsch weiterzuleben.

Der Arme will schnell reich werden, am liebsten durch einen Lottogewinn, wo der Einsatz gering und das Ergebnis großartig ist. Der Einsame will seinen Idealpartner finden, durch eine wunderbare Fügung des Schicksals, ohne sich zu fragen, ob er denn für den anderen ein idealer Partner ist.

Ganz selten fragt man sich, warum man unter diesen Umständen lebt, was sie verursacht und wie man selbst sie ändern könnte. Wie man gesünder leben oder die eigene Leistung erhöhen könnte. Oder wie man selbst zu einem idealen Partner wird, der automatisch einen »entsprechenden« Partner anzieht. Wir wollen Geschenke haben und vergessen, dass man nur ernten kann, was man gesät hat.

Dabei bietet uns unser Leben ständig neue Möglichkeiten, wir müssen sie nur erkennen und nutzen. Richten Sie Ihren Blick nicht länger auf den Mangel, denn das führt zu Unzufriedenheit und Aggression! Sobald Sie aber Ihren Blick auf die Möglichkeiten richten, bietet Ihnen das Leben in jeder Sekunde eine Chance, und Ihr Leben wird reicher und Sie selbst glücklicher!

Erkennen wir also: Überall ist Mangel, denn sonst gäbe es ja nichts mehr zu tun. Aber überall sind Möglichkeiten, und jede Schwierigkeit ist in Wirklichkeit eine verkleidete Möglichkeit. Glück ist nicht Glücksache, sondern die Folge von Hören, Denken, Erkennen und Nutzen von Möglichkeiten, die das Leben in Fülle bietet. Dabei ist es vollkommen gleich, woher Sie kommen, entscheidend ist nur, *wohin* Sie *jetzt gehen!* Tun Sie den ersten Schritt in die richtige Richtung jetzt, und Ihr Leben ändert sich.

## *Was ist Positives Denken?*

Alles, was ist, sind materialisierte Vorstellungen, gedachte Tat-Sachen, verwirklichte Gedankenbilder. Erst wenn etwas gedacht ist, kann es in Erscheinung treten. Materie ist nur eine unterschiedliche Erscheinungsform von Energie. Gedanken bewegen und gestalten Energie. Nach dem Energieerhaltungsgesetz kann Energie auch nicht verloren gehen, sie kann nur ihre Erscheinungsform wechseln.

Somit ist jeder Gedanke eine Schöpfung und muss sich verwirklichen. Die Lebensumstände sind nur ein Spiegelbild meines Seins. Ich kann sie nur ändern, indem ich mich ändere.

Probleme sind Aufgaben, die das Leben mir stellt. Jedes Problem ist ein Geschenk des Lebens an mich, denn am Ende, in der Lösung, steckt immer eine Erkenntnis.

Der beste Augenblick, eine Aufgabe zu lösen, ist immer dann, wenn sie sich mir stellt. Der nächste Augenblick bringt eine neue Aufgabe.

Löse ich eine Aufgabe nicht, versuche ich dem Problem auszuweichen, zwinge ich das Schicksal nur dazu, die Lektion zu wiederholen, allerdings zu einer Zeit, die mir vielleicht nicht so gut passt, und in einer Form, die mir vielleicht gar nicht gefällt.

Positiv denken heißt daher nur, zu erkennen, dass alles, was ist, mir dienen und helfen will, auch *und* gerade wenn es unangenehm oder schmerzhaft ist. Alles ist daher gut, und es gibt das so genannte Negative gar nicht, sondern es ist das unangenehme Gute, das ich not-wendig gemacht habe.

Zum Positiven Denken gehört auch regelmäßige Psychohygiene. Das heißt, mich morgens mental auf den Tag vorzubereiten, mich während des Tages immer wieder auszurichten auf das eine Bewusstsein. Abends zu kontrollieren, ob und wie weit es mir gelungen ist, mich nach meinem eigenen Maßstab zu verhalten und mental umzuerleben, wo es mir noch nicht optimal gelungen ist. So bereinige ich alle Gedankenenergien sofort, bevor sie als Schicksal in Erscheinung treten können.

Misserfolge sind dabei immer nur Zwischenergebnisse auf dem Weg zum endgültigen Erfolg.

Was immer ein Schöpfer in der Gewissheit des Glaubens denkt, muss in Erscheinung treten. Alles, was ich denken kann, kann ich auch erreichen.

Es ist eine Schwäche meines Bewusstseins, dass ich immer nur einen Gedanken gleichzeitig denken kann. Es wird eine Stärke, wenn ich den richtigen Gedanken denke und festhalte.

Ein in das Blickfeld des Bewusstseins gerückter Gedanke, ob Wunsch, ein Ideal oder Ziel, zieht, wenn er im Bewusstsein festgehalten und ständig aktiviert wird, gleiche oder ähnliche Kräfte an und konzentriert sie zu einem Gedankenkomplex. Andersartige Gedanken werden umgewandelt oder abgestoßen.

Wenn wir zurückschauen, erkennen wir, dass alle unsere Wünsche in Erfüllung gegangen sind, die wir lange genug in unserem Bewusstsein festgehalten haben. Das gilt leider auch für negative Wünsche.

Angst, Sorge usw. ziehen genau das an, was man befürchtet, weil hier das Bewusstsein mit Gedanken der Angst und Sorge erfüllt wird. Das Gefühl der Angst sorgt dafür, dass dieser Gedanke immer wieder aktiviert wird.

Hier helfen nur Gedankendisziplin und regelmäßige Psychohygiene, bei der unerwünschte Gedanken sofort in erwünschte Gedanken umgewandelt werden, bevor sie sich als Schicksal manifestieren können.

### *Ein wichtiger Schritt ist, das Ärgern zu verlernen*

Es gibt kaum Menschen, die sich nicht ärgern. Aber es gibt sie immerhin, und das beweist, dass es möglich ist. Ärger ist immer ein Produkt einer schlechten Gefühlskontrolle und hat viele Nachteile. Die Vitalität wird durch Ärger stark belastet, und Krankheiten werden geradezu herausgefordert.

Ärger fördert die Nervosität und lässt uns beim nächsten Mal noch schneller ärgerlich werden. Das Herz schlägt unregelmäßig, und ein Herzinfarkt kann ausgelöst werden. Der Blutdruck steigt. Die Muskeln werden verspannt. Die Verdauung wird beeinträchtigt. Schlechter Schlaf und Müdigkeit sind die Folge. Kopfschmerzen oder Migräne können ausgelöst werden.

Schlechte Laune ist eine häufige Folge des Ärgerns. Das Denken und Tun werden unbeherrscht. Magengeschwüre und Gallensteine können sich bilden. Die Abwehrkraft wird geschwächt, und wir werden vor der Zeit alt, welk, hässlich und krank.

Wir bestrafen uns durch den Ärger für Fehler der anderen. Wir schwächen uns selbst durch eine negative Schwingung unseres Bewusstseins. Durch falschen Umgang mit den Umständen beeinträchtigen wir unsere Leistungsfähigkeit gerade dann, wenn wir in Höchstform sein sollten. Niemand kann es sich leisten, sich zu ärgern, und Ärger macht alles nur noch ärger!!!

Worüber ärgern wir uns?

Wir ärgern uns über Probleme, Umstände oder Dinge. Über andere oder über uns selbst. Wir ärgern uns über Schwierigkeiten!

Was aber sind »Schwierigkeiten«? Schwierigkeiten entstehen dadurch, dass die Umstände nicht meinen Vorstellungen entsprechen. Warum ändere ich dann nicht meine Vorstellungen?

Sobald ich nichts mehr erwarte, entfällt jeder Grund, mich zu ärgern. Worüber auch? Die Umstände haben nichts mehr in mir, womit sie kollidieren könnten. Außerdem sind Schwierigkeiten der Zweck des Lebens, wie Lernen der Zweck der Schule ist. Schwierigkeiten machen mich aufmerksam auf eigene Unzulänglichkeiten. In dem Maße, wie ich meine Unzulänglichkeiten beseitige, verschwinden auch die Schwierigkeiten. So wie die Wirkung verschwindet, wenn die Ursache beseitigt ist.

Ärger ist immer auch Aggression – ein Dagegensein und damit negative Energie, die Disharmonie erzeugt. Disharmonie aber ist die Vorstufe von Krankheit. Sich Ärgern heißt, nicht einverstanden sein mit dem Leben, so wie es nun einmal ist. Aber ganz gleich, worüber wir uns ärgern: Das, worüber wir uns geärgert haben, ist von unserem Ärger ganz unbeeindruckt. Vor allem hat sich die Situation überhaupt nicht geändert durch meinen Ärger – ich könnte mich gerade wieder ärgern!!! Doch ganz gleich, worüber wir uns ärgern, der Preis ist immer unsere Gesundheit. Kann ich mir wirklich Ärger leisten? Will ich sein wie ein Hampelmann? Ganz gleich, wer an der Schnur zieht – ich springe?

Wen etwa Beschimpfungen kränken, der zeigt damit nur, dass es ihm noch an Klugheit und Selbstvertrauen mangelt. Schließlich entsteht durch die Beschimpfung ja keine veränderte Situation. Sie zeigt nur, dass der andere nicht in Harmonie ist. Ich sollte ihm eher helfen, sich zu beruhigen, anstatt ebenfalls disharmonisch zu reagieren.

Der Anlass des Ärgers ist weniger wichtig als die Art, wie ich auf bestimmte Umstände reagiere, wie wichtig ich sie nehme und wie ich damit fertig werde.

*Alles hängt von meiner Einstellung ab und nicht von den äußeren Umständen!*

Es gibt viele verschiedene Arten, mit seinem Ärger umzugehen. Manche beißen sich auf die Lippen, laufen rot an, ballen vielleicht sogar die Fäuste, sagen aber nichts, fressen ihren Ärger in sich hinein. Andere machen ihrem Ärger durch laute Worte Luft oder werden gar verletzend und fragen nicht mehr danach, ob sie dem anderen nicht Unrecht tun. Wir sollten aber nicht ein Unrecht mit einem anderen beantworten, zumal wir das Unrecht meist selber verursacht haben. Wir sollten vor allem nicht glauben, *wir müssten uns ärgern!* Es schafft ja keine neue Wirklichkeit, wenn ein anderer ein falsches Bild von mir hat, mich beschimpft oder übermäßig lobt – ich bin trotzdem so, wie ich bin! Und niemand auf der ganzen Welt hat die Macht, das zu ändern – nur ich selbst!

Je häufiger und intensiver aber der Ärger erlebt wird, desto schlechter ist mein Gesamtzustand. Die großen Belastungen haben langfristige Folgen für die Gesundheit, während die kleinen Ärgernisse sich meist stärker auf das momentane Befinden auswirken. Und so gewöhne ich mir das Ärgern ab: Ich lasse das Ärgern los, indem ich …

- jeden Menschen so annehme, wie er nun einmal ist, und es ihm überlasse, ob und wann er sich ändert. Nicht jeder kann mein Freund sein, aber jeder ist mein Lehrer.
- alle Erwartungen loslasse und dem Leben gestatte, so zu sein, wie es eben ist. Denn solange ich noch Erwartungen habe, erlebe ich zwangsläufig immer wieder Ent-Täuschungen.

  Und ich betrüge mich um viele Geschenke des Lebens: Kommt es so, wie ich es erwartet habe, bin ich nicht besonders glücklich, denn schließlich habe ich das ja so erwartet. Kommt es aber anders, ärgere ich mich. Dabei hat das Leben nur eine Möglichkeit, das zu machen, was ich erwartet habe, aber tausend Möglichkeiten, es anders zu machen. Ich kann mich natürlich mehrmals täglich ärgern, aber ich bin nicht dazu verpflichtet!
- erkenne, dass *nichts und niemand* auf der Welt die Macht hat, mich zu ärgern. Nur ich kann mich ärgern, wann ich will – über alles und jeden –, und nur ich kann es lassen – *endgültig!*

Würden die Menschen öfter in sich gehen, wären sie nicht so oft außer sich.
Gedankendisziplin und Psychohygiene sind zwei wichtige Schritte unserer Entwicklung. Wir alle haben einen inneren Schatz, aber um ihn in unser Bewusstsein zu bringen, damit wir ihn nutzen können, müssen wir uns entwickeln.

Stellen Sie sich vor, in Ihrem Inneren ist eine lange Schriftrolle, auf der aufgeschrieben ist, wo Sie den Schatz finden können. Um an den Schatz zu kommen, brauchen Sie diese Information. Sie müssen die Schriftrolle entwickeln und können so den inneren Schatz mehr und mehr in Besitz nehmen.

Der wesentliche Unterschied zwischen Wunschdenken und Positivem Denken besteht darin, dass Sie einmal etwas wollen und das andere Mal etwas glauben! Wunschdenken ist Wollen, das von keinem Glauben erfüllt ist. Glaube ist die innere Gewissheit, dass das, was Sie wünschen, geschaffen werden kann.

Der wirklich Positive ist aus einer inneren Haltung heraus positiv gestimmt, auch und gerade, wenn Schwierigkeiten auftreten. Denn er erkennt darin die Aufgabe und die Möglichkeiten und Chancen, die das Leben ihm bietet.

## *Die sieben Schritte vom Positiven Denken zum positiven Leben*

*1. Positives Denken*
Erkennen, alles ist gut, denn alles will mir nur dienen und helfen. Achtsam und beharrlich durchs Leben gehen. Voller Vertrauen und Humor, gelassen tun, was zu tun ist. Dankbar die Wirklichkeit hinter dem Schein erkennen und geborgen in der Fülle des Seins leben.

*2. Positives Fühlen*
Offen und ausgeglichen die Menschen so annehmen, wie sie nun einmal sind. Vertrauensvoll und zuversichtlich zu seinen Gefühlen stehen und sich wert fühlen, in der Fülle zu leben. Das Leben nur beobachten, nicht bewerten und liebevoll das Richtige geschehen lassen.

*3. Positives Wollen*
Lernen wollen und verstehen wollen. Entschuldigen und verzeihen und selbst das Richtige tun wollen. Wollen, was man soll! Hören, was das Leben will, und den eigenen Willen loslassen und SEINEN Willen erfüllen wollen!

*4. Positives Reden*
Sich klar ausdrücken lernen und die Wortinflation stoppen. Keinen ungebetenen Rat geben und auch Schweigen lernen. Ehrlich sein in Wort und Tat und Wortgeschenke machen. Mut machen, Trost spenden und Worte nur zum Helfen, Danken und Segnen gebrauchen.

*5. Positives Handeln*
Überlegt, feinfühlig und nachsichtig handeln. Liebevoll, konstruktiv und hilfreich sein. Zuverlässig, rücksichtsvoll und beharrlich bleiben, unabhängig von den Erwartungen der anderen. Verantwortungs- und Selbst-bewusst bleiben, bei allem, was ich tue. Lernen, zu geben und zu nehmen, und aus der »Inneren Führung« im richtigen Augenblick das Richtige tun. Auch bewusst und mäßig das Richtige essen. Fröhlich und frei die Freiheit des anderen respektieren.

*6. Positives Bewusstsein*
In der Erkenntnis der Wahrheit und Wirklichkeit harmonisch, selbstlos und geborgen sein. Regelmäßig in die Stille gehen und Zeit für Meditation und Gebet nehmen. Das ganze Sein

auf das Höchste ausrichten. Geistesgegenwärtig und sinnvoll leben.

*7. Positives Leben*
Die geistigen Gesetze beachten, sorglos und gelassen durchs Leben gehen in der Erkenntnis, alles ist gleich-gültig. Harmonische Beziehungen pflegen und sich auch an den kleinen Dingen erfreuen. Gern leben, aber auch jederzeit bereit sein zu gehen. Solange ich aber lebe, vernünftig und vorbildlich und gesund leben. Das ganze Sein auf das Höchste ausrichten und Gott in allem und jedem erkennen und achten. Dankbar und bewusst jeden Augenblick erfüllen.

Jeder bestimmt durch die Öffnung und Ausrichtung seines Bewusstseins selbst die Stufe, auf der er lebt. Jeder gibt sich selbst seinen Wert und genießt so viel Achtung, wie er sich selbst erweist.

Der Kluge lernt aus seinen Fehlern, der Weise lernt aus den Fehlern der anderen, und der Narr lernt weder aus dem einen noch aus dem anderen.

Es ist ein hartes Los, eine Niete zu sein. Wenn wir also die fast unbegrenzten Möglichkeiten unseres Denkvermögens optimal nutzen wollen, sollten wir zunächst eine »Gedankenkur« machen – eine »mentale Diät«. Einfach einmal vier Wochen möglichst nur positiv denken, positiv reden, fühlen und handeln. Positive Gesellschaft und Umgebung suchen, positive Gewohnheiten entwickeln und stärken, sich mit positiven Gefühlen erfüllen, Positives lesen und anschauen.

Dabei versuchen Sie, jede Angst oder Stress sofort »umzuerleben«. Das gilt auch für Schuldgefühle, Sorgen, Zweifel, Wut, Selbstmitleid und Aufregung jeder Art. Ebenfalls streben Sie an, sich jeden Gedanken an Krankheit, Armut, ja sogar an Zufall sofort bewusst zu machen und aufzulösen.

Morgens und abends machen Sie gründlich »Psychohygiene« und legen tagsüber stündlich eine stille Minute ein. Außerdem richten Sie Ihr Bewusstsein aus, wann immer Besuch kommt oder das Telefon klingelt. Sie machen sich also bewusst: Wer bin ich wirklich?, und handeln aus diesem geschärften Bewusstsein heraus. Diese »Kur« versuchen Sie vier Wochen diszipliniert durchzuhalten. Später wird sie Ihnen wegen ihrer überzeugenden Ergebnisse zur Gewohnheit werden.

Lernen Sie, Gedanken zu denken, deren Folgen Sie gern in Ihrem Leben hätten, denn Unsichtbares ist nicht unwirksam!

### *Theorie und Praxis der Psychohygiene*

Die Erkenntnis, dass Psychohygiene zur Erhaltung der seelischen Gesundheit des Menschen ebenso erforderlich ist wie körperliche Hygiene zur Erhaltung der körperlichen Gesundheit, ist nicht neu. Schon zu Anfang dieses Jahrhunderts erschienen einzelne Veröffentlichungen zu diesem Thema, doch blieb das Interesse der Menschen sehr gering. Wahrscheinlich, weil es an brauchbaren Hinweisen fehlte, was der Einzelne zur Erhaltung und Stabilisierung seiner seelischen Gesundheit tun könne.

Auch die körperliche Hygiene fand ja erst dann eine weite Verbreitung, als konkrete Regeln ins Bewusstsein der Menschen gebracht wurden, wie regelmäßiges Händewaschen, Baden und Zähneputzen. Dazu gehört auch das Fernhalten von Menschen mit einer ansteckenden Krankheit, um sich nicht zu infizieren. Das war logisch und einleuchtend, und so konnten die körperlichen Infektionskrankheiten, wie Pest, Typhus, Cholera, zumindest in den Industrienationen weitgehend überwunden werden.

Aber auch auf geistig-seelischem Gebiet gibt es »Infektionskrankheiten« und »Seuchen«, die sich immer mehr ausbreiten, wenn wir nicht durch regelmäßige Psychohygiene, die zur festen Gewohnheit geworden ist, die Voraussetzung für eine wirkliche geistig-seelische Gesundheit schaffen.

Solche geistig-seelischen Infektionen sind: Ärger, Angst, Stress, Sorge, Hast, Schuldgefühle, Aggressionen. Jeder von uns wird immer wieder einmal mit dem einen oder anderen, oder gar einer Kombination verschiedener Faktoren konfrontiert – bis er regelmäßig Psychohygiene betreibt. Dazu gehört vor allem das abendliche »mentale Umerleben«, in dem alle infizierenden Energien aufgelöst und ins Gegenteil gewandt werden, bevor sie Schaden anrichten können. Dazu gehört auch, jeden Menschen so anzunehmen, wie er nun einmal ist. Jedem Wohlwollen, vielleicht sogar Liebe entgegenzubringen.

Nur wenn Psychohygiene zur festen, regelmäßigen Gewohnheit geworden ist, haben diese geistig-seelischen Infektionen keine Chance mehr. Das Ergebnis ist seelische Harmonie und eine unerschütterliche Gelassenheit, mit der wir froh durchs Leben gehen.

In dem Maße aber, wie wahre Intelligenz wächst, wird Denken überflüssig. Der Vollendete denkt nicht mehr nach, er weiß und reagiert spontan. Denken ist ein Ersatz für die noch nicht genügende Intelligenz. Je größer die Intelligenz, desto weniger brauchen wir das Denken. Dann nehmen wir wahr, was ist: Wir erkennen die Wirklichkeit hinter dem Schein, ohne darüber nachdenken zu müssen.

Solange unsere Intelligenz nicht vollkommen ist, müssen wir nachdenken. Wir müssen vorausplanen. Wenn dann die Situation gekommen ist, handeln wir entsprechend unserem Denken. Wir handeln so ständig aus der Vergangenheit heraus, obwohl vielleicht schon längst eine neue Situation eingetreten ist. Solange wir denken, wird unser Handeln aus der Vergangenheit bestimmt. Aber alles wandelt sich ständig, alles fließt.

Wir müssen sogar überlegen, wie wir unserer Frau, unserem Partner eine Freude machen können. Wenn wir wirklich lieben, brauchen wir nicht mehr zu überlegen. Wir handeln dann aus der Liebe heraus und können sicher sein, in jedem Augenblick das Richtige zu tun. Denken wird so oftmals – noch – zum Ersatz für fehlende Liebe.

Denken ist eine wunderbare Sache, und wir sollten lernen, sie wirklich zu beherrschen. Aber wir sollten wissen, dass sie immer ein Ersatz ist für das eigentlich Wesentliche, das es zu erreichen gilt: Weisheit und Liebe.

Jeder Mensch hat seine guten Seiten.
Man muss die schlechten nur umblättern.
*Ernst Jünger*

# Das Gesetz der Imagination

Jede bildhafte Vorstellung, die uns erfüllt, hat das Bestreben, sich zu verwirklichen. Wenn Glaube und Wille dabei gegeneinander stehen, siegt immer der Glaube. Jede Anstrengung bei der bildhaften Vorstellung bewirkt immer das Gegenteil.

Jeder Mensch besitzt die Fähigkeit zur bildhaften Vorstellung. Ein Kind kann gar nicht anders, als das Gehörte oder Gelesene bildhaft vor sich zu sehen. Auch jeder gute Architekt wird zuerst das fertige Haus vor seinem geistigen Auge sehen, bevor er den ersten Strich zu Papier bringt. Manche Menschen aber haben diese natürliche Fähigkeit »einschlafen« lassen, weil sie sie nur noch im Traum benutzen. Aber man kann sie wieder erwecken.

Das Bild ist die Sprache des Unterbewusstseins und der Seele. Der erwünschte Endzustand sollte bildhaft, detailliert ausgearbeitet und in natürlichen Farben und in der natürlichen Umgebung vorgestellt werden. Dabei sollte die Vorstellung immer präziser werden. Natürlich kann das Bild auch ein Film sein.

Die inneren Bilder bestimmen den größten Teil unseres Lebens. Immer dann, wenn wir nicht bewusst ein bestimmtes Bild oder eine bestimmte Vorstellung in unser Bewusstsein nehmen, greift das Unterbewusstsein auf den inneren Bilderspeicher, die »innere Bildergalerie«, zurück und verwirklicht diese Bilder.

Daher sollten wir uns ein klares Bild des erwünschten Endzustands in allen Bereichen unseres Lebens erschaffen, diese Bilder immer wieder ins Bewusstsein nehmen und dort möglichst lange und lebendig festhalten. Wir können auch ganz bewusst entgegengesetzte Bilder in unserer inneren Bildergalerie »löschen« oder einfach in unserer Vorstellung austauschen.

Dazu brauchen wir *Einbildungskraft*, um die bildhafte Vorstellung des erwünschten Endzustandes zu schaffen, und *Vorstellungskraft*, um uns das Bild vor Augen zu führen. Jedes Kind kann das, aber mitunter verlernen wir mit der Zeit diese Fähigkeit, weil wir sie kaum benutzen. Alles, was man verlernt hat, kann man aber auch wieder erlernen.

Diese bildhafte Vorstellung kann sich beziehen auf:

- konkrete Gegenstände
- abstrakte Begriffe + Werte
- einen Handlungsablauf/Film
- sich selbst

Als Hilfsmittel für die Vorstellung kann die Leinwandtechnik angewandt werden. Das heißt, ich stelle mir eine leere Leinwand vor und lasse auf ihr das Bild oder den Film des erwünschten Endzustandes entstehen.

Wenn das nicht ausreicht, sollte man sich ein tatsächliches Bild schaffen. Entweder eine Zeichnung, ein Foto oder eine Collage.

Je klarer das Bild, umso leichter kann sich Energie zur Verwirklichung darin sammeln. Je länger und öfter ich das Bild auf dem geistigen Bildschirm festhalte, desto länger fließt Energie.

Wichtig ist auch die Identifikation mit dem erwünschten Endzustand. Wie fühle, wie verhalte ich mich dann?

Ist das Bild lebendig genug, macht es sich selbstständig. Das heißt, anfangs bestimme ich die Details, aber allmählich entstehen sie vor meinem geistigen Auge, bis sie bei wiederholter Vorstellung die endgültige Form angenommen haben.

Wenn Sie ein solches Bild vor Ihrem geistigen Auge sehen und einige Minuten festhalten, hat es sich bereits auf der geistigen Ebene verwirklicht. Da aber materielle Veränderungen Energie brauchen, ist zur Manifestation auf der physischen Ebene die entsprechende Menge an Energie zur Verfügung zu stellen und mit dem Bild zu verbinden. Eine einfache Veränderung kann mit einer Sitzung verwirklicht werden, eine große Sache kann unter Umständen hundert Sitzungen benötigen. Das ist auf der geistigen Ebene nicht anders als in der Physik.

Ist das Bild geschaffen und mit ausreichend Energie verbunden, dann muss es noch »verinnerlicht« werden. Ich nehme es in Besitz, indem ich mich damit identifiziere. Indem ich spüre, wie ich mich dann fühle, und sehe, wie ich mich dann verhalte. Vor allem spüre ich das starke Gefühl der Dankbarkeit für die Erfüllung. Dann lasse ich es vollkommen los, damit es sich manifestieren kann.

Vielleicht glauben Sie, dass nun nichts mehr unmöglich sei. Das ist grundsätzlich auch richtig, wenn Sie ausreichend Energie mobilisieren können. Allein die Menge der mobilisierten Energie setzt Ihnen noch Grenzen. Dabei sind wir von einem unerschöpflichen Meer von Energie umgeben, wir können davon aber nur so viel bewegen, wie wir durch die Größe unserer Persönlichkeit fassen können. Indem Sie Ihr Bewusstsein erweitern, vergrößern Sie die Menge der für Sie nutzbaren Energie.

Machen Sie sich bewusst: Sie können nur das empfangen, was Sie im Geist schon auf sich zukommen *sehen*. Indem ich den erwünschten Endzustand sehe, schaffe ich ihn geistig. Und mit Hilfe des Mental-Trainings lasse ich in Erscheinung treten, was ich geistig geschaffen habe. Das können Gesundheit, Problemlösung, Liebe, Berufsänderung oder spirituelle Entwicklung sein. Alles das sind vollkommene Ideen der Schöpfung, die für mich in Erscheinung treten, sobald ich sie in meinem Bewusstsein festhalte!!!

Dazu brauche ich zwei Kräfte:

- Einbildungs-Kraft
- Vorstellungs-Kraft

Die Einbildungskraft liefert die Bilder; entweder aus der Erinnerung oder aus der Vorstellung. Die Vorstellungskraft bringt die Bilder auf den geistigen Bildschirm und hält sie dort fest. Je genauer ich es mir vorstelle und je länger ich das Bild auf dem geistigen Bildschirm festhalte, desto mehr Energie kann fließen und desto schneller muss es in Erscheinung treten.

Die bildhafte Vorstellung ist kein Sehen wie im Außen, und jeder kann sie bewerkstelligen. Ja, er kann sie nicht einmal lassen, da die bildhafte Vorstellung die »Sprache des Unterbewusstseins« ist. Es kommt nur darauf an, sich diese Vorstellung bewusst zu machen. Dabei kann es hilfreich sein, so zu tun, als ob. Nehmen wir einmal an, ich könnte dieses Bild sehen: Wie würde es dann aussehen? Welche Farbe hätte es? Welche Form? Wie fühlt es sich an? Die Details wahrnehmen!

Schon sind wir im »inneren Erleben«. So kann ich das Geschehen in meinem Körper wahrnehmen und steuern: meine Gedanken, meinen Stoffwechsel, die Durchblutung, Verdauung usw. Ich erkenne, ich bin nicht der Körper. Er ist ein Ausdruck meines Seins, und ich bestimme, was geschieht. Ich beherrsche ihn!

Der erwünschte Endzustand sollte so präzise formuliert werden wie für einen Kameramann, der ihn danach filmen, also im Bild festhalten soll. Ich muss also dem »Kameramann Schicksal« meinen Wunsch so klar und vollständig mitteilen, dass er danach den erwünschten Endzustand schaffen kann. Denn wir bekommen nicht, was wir haben wollen, sondern das, was wir bestellen!

Je präziser ich meinen Wunsch zum Ausdruck bringe, desto genauer kann das Schicksal das so geschaffene Bild auf der materiellen Ebene manifestieren!

Da die »inneren Bilder« unser Leben bestimmen, muss ich auch die vorhandenen Bilder in mir prüfen, ob sie meinem derzeitigen Maßstab entsprechen.

Wir unterscheiden drei Arten von »innerem Bild«:

- Aktive Bilder.
  Das sind alle Bilder, die derzeit mein Leben bewusst oder unbewusst bestimmen.
- Latente Bilder.
  Das sind Bilder, die tief im Unterbewusstsein verborgen sind. Bilder, die wir unbewusst aufgenommen oder absichtlich »vergessen« haben. Sie ruhen untätig in uns, bis eine spezielle Situation sie aktiviert.
- Erwünschte Bilder.
  Das sind Bilder, die für unser Leben hilfreich und sinnvoll wären, die aufbauend sind und die Entwicklung unserer Persönlichkeit fördern würden – aber nicht vorhanden sind!

Diese Bilder sollten geschaffen werden, damit wir ein erfülltes Leben haben.

Bei den aktiven und den latenten Bildern ist regelmäßig zu prüfen, ob sie noch erwünscht sind. Unerwünschte und überholte Bilder, Programme und Verhaltensmuster sind mental umzuerleben oder aufzulösen. Denn auch unerwünschte Bilder werden verwirklicht und kosten Energie.

Ein Maler malt ein Bild, das er in sich sieht. Das Leben macht es genauso. Es schafft die Lebensumstände, die wir als inneres Bild sehen und festhalten.

Man muss die Musik des Lebens hören.
Die meisten hören nur die Disharmonie.
*Theodor Fontane*

Alle Dinge sind möglich dem,
der da glaubt.
*Markus 9,23*

## Das Gesetz des Glaubens

Wir glauben zu viel an den praktischen Wert des Wissens und wissen zu wenig vom praktischen Wert des Glaubens. Dieser Glaube ist das Erinnern an die eigene, göttliche Natur des Menschen. Jesus sagte stets: »Dir geschehe nach Deinem Glauben.« Das ist ein Geistiges Gesetz. Sorgen wir also dafür, dass wir stets das Richtige glauben! Denn nicht was wir wollen, geschieht, sondern das, was wir glauben. Die Geisteskraft des Glaubens schließt uns an die eine Kraft des Universums an, der nichts unmöglich ist.

*Wissen stellt Tatsachen fest, Glauben schafft Tatsachen.*

Glaube ist ein »inneres Wissen«, das nicht auf äußeren Beweisen ruht. Es ist ein inneres Erkennen der Wahrheit und Wirklichkeit. Wahrer Glaube ist die Gewissheit, dass das Erwünschte in Erscheinung treten muss, wenn ich mich der Einen Kraft ganz öffne und sie auf das erwünschte Ziel lenke.

Der Sinn des Dankens ist es, zu danken für etwas, das man erhalten hat. Damit verlegt man die Erfüllung ins Jetzt. Je nach Art Ihres Glaubens arbeitet dieser für oder gegen Sie. Denn die Kraft des Glaubens verwirklicht das, wovon Sie innerlich fest überzeugt sind.

Heilender Glaube ist jener, der nicht mehr auf den äußeren Schein, sondern auf das innere Sein blickt und damit verursacht, dass es sich auch außen manifestiert: sich als Umstand oder als Heilung verwirklicht.

Paracelsus erkannte: »Die Vorstellung ist die Ursache vieler Krankheiten, der Glaube aber ist die Heilung *aller* Krankheiten.« Jesus betonte immer wieder die »Ausdauer im Glauben«. Mitunter kann eine Heilung sofort erreicht werden. Oft aber ist stunden-, tage- oder gar wochenlanges Hinwenden im Glauben dafür erforderlich.

Glaube ist also nicht nur Bejahung, sondern Gewissheit der Wahrheit und Verwirklichung des gläubig Bejahten. Wer nur glaubt, was er sieht, der ist erst bereit, an die Wirkung des Säens zu glauben, wenn er die Ernte sieht.

Auch wer nicht glaubt, glaubt in Wahrheit – nur eben das Gegenteil des Erwünschten. Zweifel ist Glaube, der gegen Sie arbeitet!

Doch der festeste Glaube muss wirkungslos bleiben, wenn ich die Erfüllung in die Zukunft verlege, wenn ich in der Gegenwart mein Bewusstsein auf den Mangel richte. Erst wenn ich mich *jetzt* mit dem Gedanken der Verwirklichung erfülle, ist der Weg für die Eine Kraft frei. Dann kann ich Erfüllung erfahren.

Also sollten wir gläubig bejahen: »Ich glaube, dass die Eine Kraft mich *jetzt* heilt, mir *jetzt* hilft. Heilung ist immer zuerst ein Wachsen im Bewusstsein. Andauerndes gläubiges Bejahen als Erkennen der inneren Wirklichkeit löst alle Hindernisse auf, lässt die Heilungsenergie frei fließen und ermöglicht vollkommene Gesundheit. Damit kann der erwünschte Endzustand eintreten: *Alle Dinge sind möglich dem, der da glaubt.*

Jeder, der zur wahren Erkenntnis
durchdringen will,
muss den Berg Schwierigkeiten
allein erklimmen.

*Helen Keller*

## Das Gesetz des Dankens

Wahres Danken erhebt mich über alle Schwierigkeiten des Lebens. Danken Sie von Herzen für etwas, das Sie noch nicht haben, so, als hätten Sie es bereits – und Sie werden es haben! Das Geheimnis des unaufhörlichen Dankens lässt den Glauben tätig werden, der Berge versetzt.

Wie vieles ist in unserem Leben vollkommen in Ordnung, das wir einfach achtlos annehmen! Und immer wieder schauen wir auf das Wenige, das gerade nicht oder noch nicht in Ordnung ist. Vielleicht ändert es sich gerade in diesem Augenblick und braucht nur noch etwas Zeit. Vielleicht wäre es (noch) gar nicht sinnvoll, würde es in mein Leben treten, und ein liebevolles Schicksal bewahrt mich vor den Folgen meiner eigenen Unwissenheit.

Indem ich mein Herz mit Dankbarkeit für jeden Umstand in meinem Leben erfülle, beginnt die höchste Kraft des Universums durch mich zu wirken. Denn ein dankbares und liebevolles Herz ist der reinste Kanal für das Wirken der Einen Kraft, die wir GOTT nennen. Alles, was so in meinem Leben geschieht, ist der reinste Wille Gottes. Das Beste, das mir widerfahren kann. Und dafür bin ich dankbar.

Der Bogen bricht,
wenn er zu sehr gespannt ist.
Aber die Seele verliert ihre Kräfte
durch untätige Ruhe.

*Plutarch*

# Das Gesetz des Glücks

Nichts, was man im Außen haben kann, macht wirklich glücklich. Glück kann man nicht besitzen. Glücklich kann man nur sein. Solange ich das Glück außen suche, wird meine Suche vergeblich sein. Das Glück kann ich nur in mir finden. Ich finde das Glück in mir, indem ich bedingungslos Ja sage zum Leben, so wie es ist. Wann immer ich leide, habe ich irgendwo zum Leben Nein gesagt. Und nur ich allein kann das ändern. Wenn ich mein Glück nicht mehr von den Umständen abhängig mache, kann ich es überall mit hinnehmen; ich kann in jeder Situation glücklich sein.

Doch schon sehr früh machen wir unser Glück von irgendwelchen Umständen abhängig. Das Kleinkind glaubt: »Wenn ich erst einmal in den Kindergarten darf und täglich mit den anderen Kindern zusammen bin, dann bin ich glücklich.« Ist es so weit, sagt es sich: »Wenn ich erst einmal groß bin und zur Schule darf, dann bin ich glücklich.«

Nach ein paar Jahren: »Wenn ich erst einmal die Schule hinter mir habe, dann bin ich glücklich.« Dann beginnt die Lehre und so weiter und so weiter ... Irgendwann ist das »Kleinkind« plötzlich alt – aber glücklich ist es noch nicht.

Beim Warten auf das Glück hat es das Leben vergehen lassen, ohne das Glück zu finden.
*Sie aber können in diesem Augenblick anfangen, glücklich zu sein, indem Sie bedingungslos Ja sagen zum Leben, so wie es ist!* Das heißt nicht, dass es so bleiben muss, denn Sie haben in jedem Augenblick die Chance, Ihr Leben von Grund auf zu ändern. Machen Sie Ihr Glück nicht mehr vom Erreichen eines Zieles abhängig! Glücklichsein heißt in Wirklichkeit, mit mir und dem Leben in Harmonie zu sein, den Platz, an dem ich stehe, optimal und jeden Augenblick zu erfüllen. So reihe ich einen erfüllten Augenblick an den anderen – zu einem erfüllten Leben – und bin glücklich.

Wer lächelt, statt zu toben,
ist immer der Stärkere.
*Aus Japan*

## Das Gesetz des Schicksals

Der Mensch hat die Freiheit der Wahl. Dieser Freiheit aber steht die Konfrontation mit den Folgen seines Tuns gegenüber. Dafür sorgt das Gesetz des Schicksals oder das Gesetz von Ursache und Wirkung, das als *Schicksal* in Erscheinung tritt. – Schicksal ist weder unerforschlicher Ratschluss Gottes noch blinder Zufall. Es ist vielmehr das denkbar gerechteste Gesetz und lautet: »Jeder bekommt das, was er verursacht. Nicht weniger, nicht mehr und nichts anderes.« Das Schicksal ist somit immer ein Maßanzug für unsere individuelle Not-Wendigkeit. Die Auseinandersetzung mit dem Schicksal führt letztlich zu der Begegnung mit der Einen Kraft, die wir Gott nennen.

Der Mensch ist Schöpfer, Träger und Überwinder seines Schicksals. Jeder Gedanke, jedes Gefühl, jedes Wort und jede Tat sind Ursache, deren Wirkungen folgen. Jede Wirkung entspricht in Qualität und Quantität immer der Ursache. Es gibt daher weder Zufall noch Belohnung oder Strafe, sondern nur Ursache und Wirkung. Schicksal ist die Summe der Folgen unserer Entscheidungen. Es ist nicht möglich, zu handeln und der Wirkung zu entfliehen.

Das Gesetz des Schicksals fordert vom Menschen die bewusste Übernahme der vollen Verantwortung für sein Leben und sorgt dafür, dass er so lange mit den Folgen seines Tuns konfrontiert wird, bis er die selbst geschaffenen Probleme aufgelöst hat und dadurch frei wird. Das Gesetz des Schicksals schreitet also dort ein, wo der Mensch selbst nicht die Harmonie in der Schöpfung herstellen kann.

Das Gesetz hat selbst keine Entscheidungsfähigkeit. Es sagt nur: »Wenn du das tust, geschieht das. Wenn du dies tust, geschieht dies. Du bist der Schöpfer, und du entscheidest.«

Jeder bekommt so, was er verursacht. Und was immer er bekommt, er hat es selbst verursacht, ganz gleich, durch wen es geschieht. Der andere ist immer nur der Bote des Schicksals.

Wer heute einen Gedanken sät, der erntet morgen die Tat, übermorgen die Gewohnheit, dadurch den Charakter und schließlich sein Schicksal. Und doch ist uns die Freiheit der Wahl gegeben, was wir schöpfen wollen. Das Gesetz des Schicksals konfrontiert uns nur mit den Folgen unseres Tuns.

Das Gesetz des Schicksals begrenzt daher auch nicht die Freiheit des Einzelnen. Jeder kann frei bestimmen, was er säen will. Ernten aber muss er, was er gesät hat. Was die Menschen Schicksal nennen, ist bei genauerer Betrachtung nichts anderes als Schöpfung. Die Art, wie sich Schicksal äußert, zeigt, wie der Urheber gedacht, gefühlt und gehandelt hat. Jeder Gedanke zieht so nach dem Gesetz der Resonanz gleichartige Energien an und verstärkt so sich selbst. Das gilt ebenso für positive wie auch für negative Bereiche.

Das Gesetz des Schicksals konfrontiert uns ständig mit der Wirklichkeit, dass alles Geschehen in dieser Welt auf dem Prinzip von Ursache und Wirkung beruht: »Was wir gesät haben, das werden wir auch ernten. Und was wir ernten, das müssen wir auch gesät haben. Somit ist das Gesetz des Schicksals ein Aspekt des Gesetzes der Harmonie, welches dafür sorgt, dass ein Pol immer seinen Gegenpol findet, um sich an diesem zu neutralisieren. Das Maß unserer Freuden und Leiden entspricht immer genau dem Maß der Ursachen, die wir schaffen.

Diese Kette von Ursache und Wirkung beginnt weder mit der Geburt, noch endet sie mit dem Tod. Sie verbindet die einzelnen Inkarnationen und schließt sie sinnvoll zusammen. In diesem Leben gestalten wir bereits die Bedingungen unseres nächsten Lebens und können bewusst bestimmen, was wir im nächsten Leben als Schicksal vorfinden wollen. So ist es zu erklären, dass wir, wenn wir geboren werden, nicht aus dem Nichts kommen, sondern unser angesammeltes Schicksal und unseren Charakter mitbringen. Diese Tatsache erklärt, dass ein Kind eine angeborene Krankheit haben kann oder sonst eine Belastung mitbringt. Niemand beginnt beim Punkt Null. Wir tragen die Folgen unseres vorherigen Verhaltens – positiv wie negativ.

Manche von uns müssen sich von lieb gewordenen Bildern trennen.

Gott belohnt nicht die Tugend und bestraft nicht die Sünde – die Sünde wird nur von der Sünde »bestraft«. Das Wort Sünde kommt von dem altdeutschen Wort »sinte« und bedeutet nichts anderes als Trennung. Sobald wir aus der Ordnung fallen, sind wir getrennt von der Harmonie des Einsseins mit dem Urgrund des Lebens und damit in Sünde. Diese Trennung ist auch die ganze Strafe.

Diese Strafe aber habe ich selbst verursacht, und nur ich kann die Trennung beenden. Gott wendet sich niemals von uns ab; wir sind es, die unsere Freiheit missbrauchen. Aber wir können jederzeit in die Harmonie der Einheit zurückkehren. Somit ist jede Handlung, die einen Menschen der Harmonie – und damit Gott näher bringt, eine gute Handlung.

Was immer ihn von Gott – und damit der Harmonie – entfernt, ist negativ.

Machen wir uns auch den Unterschied zwischen Schicksal und Bestimmung deutlich. Die Bestimmung des Menschen ist es, die Vollkommenheit seines wahren Seins immer vollkommener zum Ausdruck zu bringen. Wie Jesus sagte: »Ihr sollt vollkommen sein, wie der Vater im Himmel vollkommen ist.« Aber auf welchen Wegen und mit welchen Schritten wir das erreichen, ist unsere freie Wahl – und damit unser Schicksal. Wir können unsere Entwicklung durch falsches Denken aufhalten oder durch richtiges Denken beschleunigen. Aber wir können uns unserer Bestimmung nicht entziehen.

Die Ursachen, die wir durch unsere Gedanken und Taten gesetzt haben, werden getreulich in unserer Seele aufgezeichnet. Hier wird unser karmisches Konto geführt, das wir von einer Inkarnation in die andere mitnehmen. Unausgereifte Samenkörper dieses Lebens werden im Boden unseres nächsten Lebens Wurzeln treiben und Früchte bringen. So ist es völlig sinnlos, vor einer schwierigen Situation davonzulaufen, da wir mit dieser Situation so lange konfrontiert werden, bis wir sie gelöst haben.

Unsere »Erbsünde« besteht darin, dass wir in jeder weiteren Inkarnation unser eigenes Erbe antreten. So erkennen wir die Wahrheit des Wortes: »Niemand kann dir Schaden zufügen als du selbst.« Dabei mag es Taten geben, die das menschliche Gesetz nicht bestraft. So gibt es Diebstahl, der sich als Handel verkleidet, und Betrug, der als Geschäft ausgeübt wird. Doch welche Maske wir auch wählen, das Gesetz von Ursache und Wirkung bleibt dennoch gültig.

Die Wirkung dieses Gesetzes können wir im täglichen Leben beobachten. Die Leute, die wir kennen lernen, die Situationen, denen wir ausgesetzt sind, und die Dinge, die uns zugeführt oder genommen werden, alles ist begründet in Ursachen, die wir in der Vergangenheit gesetzt haben. So gibt es weder unverdientes Glück noch unverdientes Leid; es gibt allein Ursache und Wirkung.

Ist ein Mensch sehr unsicher und ohne inneren Halt, dann mangelt es ihm an Selbstvertrauen, Durchsetzungsvermögen und Standfestigkeit. Dadurch macht er es not-wendig, dass er immer wieder mit Menschen konfrontiert wird, die diese Eigenschaften betont haben. Vielleicht heiratet er eine dominante Frau oder bekommt Kinder, die ihm bald »über den Kopf wachsen«. Oder er wird in seinem Beruf mit Menschen konfrontiert, die sich stark durchsetzen.

Nun wäre es ganz falsch, seine Lebenssituation als unabänderliches Schicksal anzusehen. Vielmehr sollte er die dadurch entstehenden Probleme als Auf-Gaben des Lebens erkennen, sie annehmen und lösen, sonst würde er nur später in einer anderen Stellung oder mit einer anderen Partnerin immer wieder mit der gleichen Situation konfrontiert. Dies so lange, bis er gelernt hat, sich durchzusetzen, und damit der Mangel ausgeglichen ist.

So werden wir analog zu diesem Gesetz immer wieder in die not-wendigen Umstände hineingeboren, in denen wir jenen begegnen, die uns Unrecht zufügten oder denen wir Unrecht getan haben; die uns beigestanden haben oder denen wir geholfen haben, bis alles zum Ausgleich gebracht worden ist. Ein ungewöhnliches Beispiel:

Sowohl Präsident Lincoln als auch Präsident Kennedy befassten sich mit dem Problem der Bürgerrechte. Die Wahl Lincolns erfolgte im Jahre 1860, die Wahl Kennedys im Jahre 1960. Die Amtsnachfolger beider Präsidenten hießen Johnson, waren Demokraten aus dem Süden und Mitglieder des Senats. Andrew Johnson wurde 1806 geboren, Lyndon Johnson 1906. Der Mörder Lincolns, John Wilkes Booth, wurde 1839 geboren; der vermutliche Attentäter Kennedys, Lee Harvey

Oswald, 1939. Beide wurden ermordet, ehe ihnen der Prozess gemacht werden konnte. Beide Präsidenten wurden an einem Freitag im Beisein ihrer Frauen getötet.

Der Sekretär Lincolns hieß Kennedy und riet dem Präsidenten von dem Theaterbesuch ab; der Sekretär Kennedys hieß Lincoln und riet dem Präsidenten vom Besuch in Dallas ab. John Wilkes Booth erschoss Lincoln in einem Theater und flüchtete in ein Lagerhaus. Lee Harvey Oswald schoss auf Kennedy aus einem Lagerhaus und flüchtete in ein Lichtspieltheater. Die Namen Andrew Johnson und Lyndon Johnson bestehen aus je 13 Buchstaben; die Namen John Wilkes Booth und Lee Harvey Oswald aus je 15 Buchstaben. – Alles Zufall?

Auch von anderen wird also Schicksal an uns herangetragen. Wenn Bauern ihre Äcker immer stärker mit Kunstdünger bearbeiten, kommen zu unseren eigenen Sünden noch die Sünden der anderen hinzu. Wenn andere uns ihre Ansichten aufdrängen oder wir deren Überzeugung folgen, so tragen wir auch die Folgen. Denn alles sind nur Angebote des Lebens, die uns nur zu einer eigenen Entscheidung zwingen. Wer wirklich will, findet noch immer genügend natürliche Nahrung, bei einem Überangebot an Essen oder Trinken genügt eine höfliche Ablehnung, und bei fremden Ansichten und Überzeugungen bin ich aufgerufen, mir meine eigene Meinung zu bilden. Denn in jedem Fall trage ich die Folgen, also sollte ich auch bewusst die Ursachen setzen. Solange ich die Schuld beim anderen suche, bin ich von der Wahrheit noch weit entfernt.

Doch gibt es auch ein Gemeinschaftsschicksal. Jeder Mensch ist in jeder seiner Inkarnationen eingebunden in Schicksalsgemeinschaften. Das betrifft seinen Partner ebenso wie seine Familie; seine Nation ebenso wie seine Rasse. Doch ganz gleich, ob es sich um die Erfüllung eines Einzelschicksals oder das Schicksal einer ganzen Gruppe handelt, es kann den Einzelnen nur treffen, wenn eine entsprechende Ursache von ihm gesetzt wurde. Dabei ist es gleich, ob es sich um einen Autounfall handelt oder einen Flugzeugabsturz, einen Krieg oder eine andere Katastrophe – immer haben alle Beteiligten dies nach dem Gesetz der Resonanz angezogen. Das gilt auch für jede scheinbare Ungerechtigkeit, die uns widerfahren kann. Nichts kann uns zufällig treffen, denn auch der Zufall unterliegt dem Gesetz von Ursache und Wirkung.

Negative und zerstörerische Gedankenformen, die die Menschen schaffen, sammeln und entladen sich als Krieg, Revolution, soziale Unruhe oder wirtschaftlicher Zusammenbruch. Auch das Gruppenschicksal fällt auf seine Urheber zurück, weil niemand der ausgleichenden Gerechtigkeit entgeht. Das Gleiche gilt für bestimmte Verbrechen oder Seuchen, die für eine Zeit auftauchen und wieder verschwinden.

So ist es auch zu erklären, warum mitten in einer Katastrophe manche Menschen auf wunderbare Weise verschont bleiben. Sie nehmen nicht teil am Gruppenschicksal, obwohl sie dabei sind, weil bei ihnen keine entsprechende Ursache vorhanden ist, die sich verwirklichen könnte. Ähnliches gilt, wenn wir einer Familie oder Nation angehören, die scheinbar ohne unser eigenes Zutun Vorteile genießt. Es kann sich nur manifestieren, was von uns verursacht ist.

Es ist jedoch auch möglich, das Schicksal eines anderen freiwillig als einen Akt wahrer Liebe mitzutragen.

Wenn ich das Wirken des Gesetzes des Schicksals wirklich verstanden habe, dann kann ich jede Unfreundlichkeit, jede Beleidigung oder Undankbarkeit dankbar annehmen, denn sie helfen mir in meiner geistigen Entwicklung weiter als das Lob eines Freundes.

Doch nur wenige sind bereit, die Wirklichkeit hinter dem Schein zu erkennen. Zu erkennen, dass sie doppelt beschenkt werden. Erstens lösen sie wieder einen Teil ihres Schicksals durch Erleben auf, und gleichzeitig erweitern sie ihr Bewusstsein durch die gewonnene Erkenntnis. So ist in den trübsten Erfahrungen das meiste Gold der Erkenntnis enthalten, und der Weise lernt, gerade dafür besonders dankbar zu sein. Denn eine Lektion, die er gelernt hat, muss vom Schicksal nicht wiederholt werden. Jeder Mensch muss aber so lange inkarnieren, bis er die Wirkung aller von ihm gesetzten Ursachen erlebt und damit das Gesetz erfüllt hat. Das Gesetz des Schicksals kann aber einen Menschen nur erreichen, solange er aus seinem eigenen Willen handelt. Sobald er seinen individuellen Willen in den Schöpfungswillen einfließen und nur noch den Schöpfungswillen durch sich geschehen lässt, ist er ein reiner Ausdruck der Harmonie seines Wahren Selbst und frei von Schicksal.

### *Was ist Karma?*

In unserem westlichen Verständnis verbinden wir mit dem Wort *Karma* immer auch Schuld und Sühne. Wir sind mehr oder weniger bereit, diese Schuld auf uns zu nehmen und geduldig unser Karma »abzutragen« und damit aufzulösen. Das alles entspringt einem falschen Verständnis von Karma. Das Wort stammt aus dem Sanskrit und bedeutet: »Die Tat, das Geschaffene, wirken, tun.«

Es ist daher nicht unsere Aufgabe, unser Karma geduldig zu ertragen oder es so schnell wie möglich aufzulösen, um endlich frei zu werden. Es geht auch nicht darum, gute Taten zu tun, damit wir ein »besseres Karma« bekommen bzw. es uns verdienen. Sondern das Karma konfrontiert uns nur mit den Folgen unseres Tuns, damit wir das sonst unsichtbare Tun be-greifen und wie in einem Spiegel betrachten können.

Es kann daher nicht sinnvoll sein, den Spiegel so schnell wie möglich aufzulösen, sondern es geht darum, ihn sinnvoll für die eigene Entwicklung zu nutzen, was immer Selbst-Erkenntnis und Selbst-Verwirklichung bedeutet. Was schließlich zu klarem Selbst-Bewusstsein führt. Auf diesem schwierigen, aber interessanten Weg brauchen wir den Spiegel Karma zur ständigen Kontrolle, ob wir Fortschritte machen oder bereits vom Weg abgekommen sind. Karma ist daher unser Freund und Helfer auf einem schwierigen Weg, auf den wir nicht verzichten können, wollen wir ihn nicht verfehlen.

Wir beginnen ja auch keinen neuen Tag mit der Absicht, etwas gestern Begonnenes aufzulösen, sondern wollen es freudig fortsetzen. Wir sind in dieses Leben getreten, um das Werk Selbstfindung fortzuführen. Dabei ist uns unser Karma ein geduldiger und zuverlässiger Freund auf dem Weg. Alle Hinwendung zu spirituellen oder geistigen Bereichen hat jedoch keinen Wert, wenn die gewonnenen Erkenntnisse nicht auch praktisch gelebt werden. Viele haben inzwischen große geistige Erkenntnisse erworben, ohne dass sich dies in ihrem Leben sichtbar manifestiert. Hier kann uns ein anderer Lehrer sehr hilfreich sein, den uns das Karma schickt bzw. mit dem es uns zusammenführt – unser Partner!

## *Karma und Partnerschaft*

Da es in diesem Kosmos keinen Zufall gibt, kann auch eine so wichtige Begegnung wie die mit einem Partner nicht zufällig sein. Vielmehr haben wir diese Begegnung frei gewählt, um bestimmte Lernschritte fortzusetzen, die wir in früheren Inkarnationen begonnen haben. Denn wir alle streben, bewusst oder unbewusst, nach der verloren gegangenen Einheit, die uns in dieser dualen Welt besonders schmerzhaft wird. Der Sinn einer Partnerschaft ist daher immer, miteinander und aneinander zu lernen, um schließlich die gesuchte Einheit in uns zu ent-decken.

Das Leben jedes sensitiven, geistig orientierten Menschen ist von der Sehnsucht nach der verlorenen Einheit geprägt, das bedeutet letztlich immer die Suche nach sich *selbst.* Wir leben in dieser Welt der Dualität, weil wir nur hier zur Einheit zurückfinden können. Denn die immer wieder schmerzlich erlebte Dualität hält die Sehnsucht nach der Einheit lebendig.

Der erste Schritt zu dieser Einheit ist die Verbindung mit einem anderen Menschen, mit dem wir zu einer vollkommenen Einheit verschmelzen können. Doch selbst wenn uns das gelingen sollte, stellen wir fest, dass es nur ein erster Schritt ist. Denn Partnerschaft ist nur eine Unterstützung auf dem Weg, die Einheit in uns selbst zu finden; das ist gleichzeitig der ganze Sinn einer Partnerschaft. Kann sie dies nicht – oder nicht mehr – erfüllen, hat sie ihren Sinn verloren und muss sich auflösen.

Der Sinn einer Partnerschaft ist daher nicht, sich mit Hilfe des anderen ein schönes, harmonisches oder gar bequemes Leben zu gestalten. Selbst wenn der andere der ideale Partner für mich ist, vielleicht sogar meine »Dual-Seele«, werde ich gerade durch die Seele, mit der ich am engsten verbunden bin, am stärksten gefordert – und damit gefördert. Schwierigkeiten, die so entstehen, haben also immer nur mit mir und nie mit dem anderen zu tun. Deshalb kann ich sie auch nur in mir lösen.

So haben zwei Menschen, die karmisch verbunden sind, nicht noch »eine Rechnung miteinander zu begleichen«, sondern sie sind sich gegenseitig Chance zu einem schnelleren geistigen Wachstum. Deshalb sollen sie diese Chance bewusst nutzen. Ist diese Aufgabe erfüllt oder kann sie in der Partnerschaft nicht mehr geleistet werden, dann hat die Partnerschaft ihren Sinn, ihren inneren Gehalt verloren. Halten die beiden trotzdem daran fest, ist das falsch verstandene Rücksicht; Rücksichtslosigkeit gegen den anderen und gegen sich selbst. Denn indem der eine an etwas Überlebtem festhält, kann das, was das Leben jetzt zum Ausdruck bringen will, für beide nicht geschehen. Sie blockieren so ihre weitere Entwicklung.

Eine echte Partnerschaft kann daher nur aus zwei selbstständigen, »heilen« Wesen bestehen, die ihre Individualität auch in der Vereinigung mit dem anderen bewahren. Nur so sind wir wirklich bereit, die Schwachstellen anzuschauen, die durch den anderen aufgedeckt werden, sie können uns in einem kosmischen Bewusstsein und geistiger Offenheit begegnen. Nur so zeigt sich, wie bereichernd und aufregend eine Partnerschaft sein kann, wie sie gedacht ist.

Gott hat uns nicht geschaffen,
um uns in der Not zu verlassen.
*Michelangelo Buonarroti*

# Das Gesetz der Wiedergeburt oder: Die sieben Geburten des Menschen

Da die Lebensspanne eines physischen Körpers viel zu kurz ist, um unseren Seinsauftrag auszuführen und die Vollkommenheit unseres Wahren Selbst vollkommen zum Ausdruck zu bringen, bekommen wir so lange eine erneute Chance, bis wir unseren Seinsauftrag erfüllt haben.

Hierzu werden wir in immer neuen Körpern wiedergeboren. Jeder Körper ist wie eine Schuluniform, die wir für jeden »Schultag« neu bekommen, denn das, was wir ein Leben nennen, ist in Wirklichkeit nur ein Tag in der »Schule des Lebens«. Und wie in der Schule werden wir an jedem Tag mit genau den Lektionen konfrontiert, von unserem »Klassenlehrer«, dem Dr. Alltag, die wir noch nicht gelernt haben und die dem Grad unseres Bewusstseins angemessen sind. Wir haben so Gelegenheit, immer neue Erkenntnisse zu erwerben, um sicherer den nächsten Schritt tun zu können, bis wir eines Tages bereit und fähig sind, den letzten Schritt zu tun – den Schritt in die Vollkommenheit.

Zwischen zwei »Schultagen« gehen wir »nach Hause« und machen unsere »Schulaufgaben«. Das heißt, wir bringen die Ernte eines Lebens ein, ziehen Bilanz und bereiten uns auf einen neuen »Schultag« vor, indem wir die Kräfte und Fähigkeiten entwickeln, die wir dort brauchen werden. Wenn die Zeit gekommen ist, nehmen wir unseren »Schicksalsrucksack« auf die Schulter und gehen in einen neuen »Schultag«.

Solange wir noch eigen-willig handeln, setzen wir ständig neue Ursachen. Dabei ziehen positive Ursachen positive Wirkungen nach sich und negative Ursachen negative Wirkungen. Doch ganz gleich, ob wir positive oder negative Ursachen gesetzt haben, wir müssen in jedem Fall inkarnieren, um die entsprechenden Wirkungen in Empfang zu nehmen. Erst wenn wir unseren Eigenwillen auflösen und in den Schöpfungswillen einfließen lassen, ent-binden wir uns vom »Rad der Wiedergeburt« und sind frei. Wir sind jedoch erst frei, wenn wir die siebte Geburt durchlebt haben.

### *Die erste Geburt*

Die erste Geburt ist der Beginn der physischen Manifestation durch Zeugung und Empfängnis. Die Verkörperung erfolgt freiwillig, aufgrund der Einsicht der Seele in die Notwendigkeit.

Die Seele ist eine geistige Wesenheit. Bei der Verkörperung bildet sie auf jeder Ebene einen eigenen Körper. Zuerst den *Mental-Körper*, dann den *Astral-Körper* und schließlich den *Physischen Körper*. Dieser physische Körper wird durch das genetische Erbe beider Eltern bestimmt; die beiden anderen Körper erhalten ihre individuelle Prägung durch das So-Sein der Wesenheit aus ihrem *Kausal-Körper*, in dem das bisher angesammelte Schicksal enthalten ist.

In dieser ersten Zeit besteht die ganze Welt zunächst aus dem Mutterleib, und hier erfährt das inkarnierte Wesen seine ersten Prägungen. Da es nicht nur körperlich, sondern auch geistig-seelisch noch eins ist mit der Mutter, erlebt es alle körperlichen Vorgänge der Mutter mit, aber auch alle Gedanken und Gefühle. Es erlebt mit, wie die Mutter erfährt, dass sie schwanger ist, und erlebt die Freude oder den Schreck darüber ebenso wie Gedanken der Ablehnung oder gar an Abtreibung. Die Seele des Kindes hat sich ganz der Mutter anvertraut, sich ihr bedingungslos ausgeliefert.

Da aber Ort, Umwelt und Erziehung ein Teil des freiwillig gewählten Schicksals sind, hat die Mutter keine Schuld, wenn sie nicht gleich optimal mit der neuen Situation umgehen kann. Doch ist dies der erste »Eindruck«, den die Seele von diesem Leben erhält, und es ist meist auch ein bleibender.

Nachdem die Seele die Mutter gewählt hat, ruft sie ihr geistig zu, dass sie nun kommen wird. Nicht wenige Mütter vernehmen diesen unhörbaren Ruf, und sie wissen im gleichen Augenblick, dass sie empfangen haben. Die erste Geburt ist erfolgt.

## *Die zweite Geburt*

Die zweite Geburt ist die körperliche Trennung von der Mutter. Wie wir beim Sterben durch einen dunklen Kanal aus dem Leben gehen, so gelangen wir bei der zweiten Geburt durch einen dunklen Kanal in dieses Leben. Doch wenn das Bewusstsein der Mutter bei der Geburt erhoben ist, dann wird dieser dunkle Kanal zu einem »Tor ins Licht«.

Nach der ersten Geburt braucht die inkarnierte Wesenheit neun Monate, um das Instrument des Körpers auf- und auszubauen. Nach der zweiten Geburt benötigt sie zwei bis drei Jahre für die »Inbetriebnahme« des Körpers. Das Bewusstsein der Wesenheit ist dabei noch ganz eins mit der Mutter. Deshalb können kleine Kinder in dieser Zeit auch noch nicht »ich« sagen; es hat sich noch kein Ich-Bewusstsein gebildet. Wenn das Kind also Hunger hat, sagt es nicht: »Ich habe Hunger«, sondern es nennt sich beim Namen, den man ihm gegeben hat: »Hänschen hat Hunger.«

Diese zweite Geburt ist eine wesentliche Prägung für das ganze Leben, denn so wie wir diese Geburt erleben, so gestaltet sich später unsere Einstellung zum Leben. Erfahren wir diese Geburt als Kampf, wird uns später das ganze Leben als Kampf erscheinen. Ist diese Geburt aber ein schönes Erlebnis, entsteht dadurch in uns das Urvertrauen, dass auch das Leben schön ist.

Durch diese zweite Geburt wird das Kind ein körperlich selbstständiges Wesen. Diese zweite Geburt wird in vier Stadien erlebt:

- Zuerst fühlst du dich ungeheuer wohl. Du spürst und genießt das Einssein mit deiner Mutter mit allen Sinnen und bist glücklich. Alles Glück, das du später im Leben erfährst, wird dich tief innen an dieses erste, ungetrübte Glück deines Erdenlebens erinnern.
- Plötzlich aber wirst du in die Hölle gestürzt. Die Gebärmutter beginnt sich überall zusammenzuziehen. Es ist eine bedrückende und scheinbar aussichtslose Situation. Alle aussichtslosen Situationen deines späteren Lebens werden dich an diese verzweifelte Situation erinnern.
- Dann plötzlich öffnet sich der Gebärmutterhals. Eine Chance scheint sich aufzutun, aber gleichzeitig wirst du von allen Seiten unter Druck gesetzt. In diesem Augenblick glaubst du zu sterben, doch es geht weiter, und mit einer letzten großen Anstrengung löst du dich vom Körper deiner Mutter.
- Endlich, nachdem du höchstes Glück und größte Verzweiflung in deiner Mutter erlebt hast, bist du frei. Und so sehr du die Trennung bedauerst, so glücklich bist du auch darüber. In dem Augenblick, als du schon zu ersticken glaubtest, geschieht dein erster Atemzug. Doch du hast keine

Zeit, dein neues Glück zu genießen, denn um dich herum ist alles schrecklich hell und kalt. Und laut. Du bist in der Welt und musst dich vielen neuen Anforderungen stellen. Zwischen deinem ersten Atemzug, den du gerade getan hast, und deinem letzten liegt das, was wir »ein Leben« nennen. Es hat begonnen.

## *Die dritte Geburt*

Die dritte Geburt ist die Individualisierung des Bewusstseins. So wie sich in der zweiten Geburt der Körper von der Mutter gelöst hat, so löst sich nun das Bewusstsein aus der Einheit mit der Mutter – das Ego erwacht. Die inkarnierte Wesenheit ist zu einem selbstständigen Individuum geworden.

Erst jetzt kann sich das Kind als ein Ich begreifen und handelt aus einem eigenen Willen. Aus dem »Wir« ist ein »Ich« und »Du« geworden. Das selbstständige Denken beginnt, eigene Gefühle werden erlebt. Das Ich hat eigene Bedürfnisse, die oft recht eigenwillig zum Ausdruck gebracht werden.

Deshalb bezeichnet man diese Phase auch als »Trotzalter«, was aber immer nur ein Hinweis auf eine falsch verstandene Erziehung ist. Denn Erziehung heißt ja nicht, dem kleinen Kind, der Seele, die sich mir anvertraut hat, meine Wertvorstellung oder gar meinen Willen aufzuzwingen. Erziehung heißt in Wirklichkeit, miteinander zu ent-decken, welchen Charakter, welche Persönlichkeit die Seele mitgebracht hat, und ihr zu helfen, zu sich selbst zu finden.

Wird Erziehung so verstanden, tritt der erwachte Eigenwille gar nicht als Trotz in Erscheinung, da die Seele ja freiwillig einer kundigen Anleitung folgt, ja, sie notwendigerweise braucht und sucht.

Diese dritte Geburt bedeutet also, dass die Seele von nun an in die bewusste Erfahrung eintritt, eine ganz besondere und einmalige Individualität zu sein. Ihr zu helfen, sich zu ent-decken und zu sich selbst zu finden, das ist eigentlich mit Erziehung gemeint. Die Ent-Deckung des Selbst kann beginnen.

## *Die vierte Geburt*

Diese vierte Geburt wird allgemein als Pubertät bezeichnet. In dieser Zeit erwacht der Körper und meldet eigene Bedürfnisse und Wünsche an. Gleichzeitig signalisiert uns die Umwelt, dass diese Wünsche nicht gern gesehen werden oder dass sie »unanständig« sind. Das stürzt das Wesen in einen fast unlösbaren Konflikt, in dem es oft auch noch allein gelassen wird. Wem soll es sich anvertrauen? Und doch verlangt die körperliche Reife immer drängender nach einer Lösung. Besonders schwierig wird diese Zeit noch dadurch, dass die körperliche Reife meist früher erfolgt, die geistige Reife aber oft damit nicht Schritt hält. So zwingt uns der Körper zu Entscheidungen, zu denen wir geistig noch nicht reif sind. Eine schwierige Zeit!

In dieser vierten Geburt erwacht aber nicht nur unser Körper, sondern auch das starke Verlangen nach Gemeinschaft. So sucht der heranwachsende Mensch die Gesellschaft seinesgleichen. Er spricht so wie die anderen, kleidet sich so wie sie, und das Schlimmste, was ihm in dieser Zeit passieren kann, ist, ausgestoßen zu werden. Er nimmt vieles auf sich, nur um das zu vermeiden.

Diese vierte Geburt zwingt das Wesen also, auf das Du zuzugehen, sich darum zu bemühen, das Paradies der verlorenen Einheit wiederzufinden. Durch die freiwillige Einordnung in die selbst gewählte Gemeinschaft – ob mit einem Partner, ob in der Gruppe – lernt das Wesen auch, den erwachten Eigenwillen zu zügeln und zurückzunehmen, damit Gemeinschaft überhaupt möglich wird. Der junge Mensch lernt, dass seine Freiheit da endet, wo das Recht des anderen beginnt.

Nach Abschluss dieser vierten Geburt ist der Mensch erwachsen, doch die meisten Menschen sterben, bevor diese vierte Geburt wirklich abgeschlossen ist. Sie werden nicht wirklich erwachsen, sie werden nur alt. Die vierte Geburt ist erst vollendet, wenn der Mensch gelernt hat, selbstständig und aus eigener Verantwortung heraus dem Ganzen gegenüber zu handeln.

### *Die fünfte Geburt*

In der fünften Geburt erkennt das Wesen sein Wahres Selbst. Erst nach dieser Geburt ist es sich wieder bewusst, ein individualisierter Teil des Einen Bewusstseins zu sein, das wir Gott nennen. Die Seele erkennt sich als vollkommenes und unsterbliches Bewusstsein. Sie weiß, dass sie immer war und immer sein wird.

Durch diese Geburt findet der Mensch vom personalen, egoistischen Ich zum transpersonalen, ewigen Selbst. Er erkennt sich wieder als Ebenbild Gottes, als das er geschaffen wurde. Als Wesen, in dem sich das Wesen Gottes spiegelt.

Durch diese fünfte Geburt lernt der Mensch das, was die Griechen »Metanoia« nennen: umzudenken, über die Grenzen hinauszudenken. Alles, was bisher so wichtig schien, Erfolg, Geld, Anerkennung, Macht, wird unwesentlich. Alles Geistige, das bisher nebensächlich schien, wird zum einzig Wichtigen. Die eigene spirituelle Entwicklung rückt in den Mittelpunkt des Interesses, wird zum Inhalt und Sinn des Lebens. Die Weisen des Mittelalters nannten dies die »Umstellung der Lichter«. Von nun an geht es vor allem darum, das Entwicklungsziel des Menschen, die Vollkommenheit, möglichst ohne Umweg zu erreichen.

Durch diese fünfte Geburt erkennt der Mensch sich selbst als seine Hauptaufgabe. Er erkennt, dass er dem Ganzen nur in dem Maß dienen kann, wie er selbst sein Wahres Selbst entwickelt hat. Diese fünfte Geburt kann jeder in jedem Augenblick erleben. Das kann von einem Augenblick zum anderen geschehen oder Schritt für Schritt. Eine solche geistige »Sturzgeburt« bringt jedoch einige Schwierigkeiten mit sich, weil der Mensch von einem Augenblick zum anderen in einer ganz anderen Welt lebt, in der er erst das Zurechtfinden lernen muss.

Deshalb ist es auch nicht sinnvoll, durch »Intensivkurse« diese geistige Geburt herbeizuführen. Es entsteht dadurch nur eine geistige »Frühgeburt«, die oft für das tägliche Leben untauglich ist. Das heißt, die geistige Geburt braucht sorgfältige Vorbereitung und verantwortungsvolle Hilfe, denn sie ist, wie die körperliche Geburt, der Anfang eines ganz neuen Lebens.

Ein auf diese Weise geistig Geborener hat auf der spirituellen Ebene die gleichen Schwierigkeiten wie ein Baby auf der materiellen Ebene. Er muss alles noch einmal neu lernen.

Leben heißt lernen. Vertrautes auf einer immer höheren Ebene neu lernen.

Vor der Geburt bin ich noch ganz in der Einheit. Mit der physischen Geburt erfolgt die körperliche Trennung. Ich muss lernen, allein zu sein, um dann Schritt für Schritt wieder bewusst in die Einheit mit allem zurückzukehren. Zunächst mit meiner Mutter, mit meiner Familie; dann eins zu werden mit meinen Schulkameraden, den Freunden, einem Partner. Letztlich kann ich die Einheit erleben mit allen Menschen, mit Pflanzen und Tieren, um zum Schluss wieder eins zu sein mit Gott, indem ich Gott in allem erkenne und erlebe.

Mit der Geburt erfolgt der erste Atemzug. Damit trete ich in Kontakt mit der Umwelt. Das Leben zwingt mich zum »Teilnehmen«, denn ohne Atem kann ich nicht leben. Letztlich lasse ich den Atem wieder los und erlebe: »Es atmet mich!«

Nach der Geburt versuche ich zunächst einmal, die Dinge

dieser Welt zu erkennen. Später sichte ich die Umstände meines Lebens und verschaffe mir Übersicht. Allmählich komme ich so zur Klarsicht, werde immer weitsichtiger und erkenne die Wirklichkeit hinter dem Schein. Ich komme zur Ein-Sicht: Ich sehe und erkenne den Einen in allem.

Sobald ich geboren bin, versuche ich die Dinge um mich herum zu erfassen und zu begreifen. Ich lerne, zu handeln, zu geben und zu nehmen, zu fühlen, zuzupacken und auch mich selbst allmählich zu begreifen. Ich lerne, die Chancen zu ergreifen, die das Leben mir bietet; ich begreife allmählich die geistige Ordnung, die die ganze Schöpfung durchdringt und trägt.

Ich lerne mich immer sicherer fortzubewegen. Auch geistig lerne ich, mich fortzubewegen, indem ich meine Schritte bewusst auf dem Weg zum Ziel bestimme, um wieder in die Einheit zu gehen.

Anfangs kann ich nur schreien, dann lerne ich zu babbeln und endlich zu reden. Ich lerne, mich verständlich zu machen. Zuerst deutlich zu reden, später lerne ich Rhetorik und Dialektik, ja sogar Fremdsprachen. Vielleicht lerne ich auch die »Sprache des anderen« zu sprechen und komme so allmählich zu liebevoller, hilfreicher Kommunikation. Ich lerne, mich mit-zu-teilen und die richtige Ebene beim anderen bewusst anzusprechen. Irgendwann beherrsche ich vielleicht die schönste Form des Redens, das Segnen.

Anfangs stecke ich alles, was ich erfasse, in den Mund. Allmählich lerne ich zu unterscheiden, sogar zu genießen. Ich lerne, gründlich zu kauen, bewusst zu essen und das, was ich esse, von Materie zu einer immer höheren Energie zu transformieren. Und letztlich lerne ich mich auch geistig richtig zu ernähren.

Irgendwann lerne ich dann auch lesen. Nicht nur in Büchern, sondern auch in Gesichtern. Ich erkenne den Charakter und die Gesundheit oder Krankheit. Ich lese in den Augen der

Menschen und lerne eine Aus-lese zu treffen. Letztlich lerne ich vielleicht sogar im »Buch der Schöpfung« zu lesen.

Ich kann mich entscheiden: Will ich aus meinem Leben ein Kunstwerk machen? Ich lerne allmählich, erwachsen zu werden und nicht nur alt. Ich erwache selbst und übernehme Verantwortung für mich und die anderen. Ich werde so immer selbstständiger, übe meine Berufung als Beruf aus und treffe die richtigen Entscheidungen.

Natürlich muss ich auch lernen, Geld zu verdienen. Ich erfahre, dass erst das Dienen kommt und dann das Verdienen. Aber ich verdiene mir auch Anerkennung. So komme ich allmählich zur Selbst-Achtung und Selbst-Erkenntnis. Ich erkenne, dass es keinen Zufall gibt, und komme schrittweise zu immer höheren Erkenntnissen. Sie sind das Einzige, das ich aus diesem Leben mitnehmen kann. Ich verdiene mir letztlich meine Ein-Weihung, indem ich mich ganz dem Einen weihe.

Ich erkenne, dass das Leben auch durch mich erfolgreich sein möchte, und lerne Schritt für Schritt erfolgreich zu sein: in der Familie, der Schule, im Beruf und in der Partnerschaft. Immer klarer erkenne ich den Sinn des Lebens; ich erlebe es, bewusst auf dem Weg zu sein, mich zu ent-wickeln und zu ent-falten, und erlebe den größten Erfolg des Lebens: zur Ein-Sicht zu kommen.

Als Letztes lerne ich, immer bewusster zu sein. Absichtslos und gelassen zu sein. Nach meiner Ein-Weihung einfach zu sein. Der Kreis ist geschlossen, ich bin am Ziel und damit am Anfang eines neuen Weges.

Die Bestimmung jeder Seele, der sie sich nicht entziehen kann, ist es, vollkommen zu werden. Das heißt zu werden, was sie ist und immer war. So durchläuft sie so lange immer neue Inkarnationen, bis dieses Ziel der irdischen Verkörperung erreicht ist. Dabei geht zwar das erworbene Wissen immer wieder verloren, aber die einmal erlangte spirituelle Reife bleibt erhalten. Deshalb sucht sich eine fortgeschrittene Seele die geeigneten Eltern und Lebensumstände aus, durch die sie sich am besten weiterentwickeln kann.

Die fünfte Geburt ist also die wesentliche, die geistige Geburt! Der erste Schritt zur geistigen Geburt ist, zu erkennen, wer ich wirklich bin: Bewusstsein, Energie, die sich in einem Körper manifestiert hat. Zu erkennen, dass ich unsterblich bin – ich war immer und werde immer sein, denn: *Ich bin!*

Ich muss nicht nur in jedem Körper, den ich bewohne, neu geboren werden, ich muss auch in die geistige Welt, in die Erkenntnis der Ordnung der Geistigen Gesetze und die Erkenntnis meines Wahren Selbst neu geboren werden.

So wie die Erleuchtung ein Prozess ist, der zwar in einem Augenblick beginnt, sich dann aber Schritt für Schritt vollzieht; so ist auch die geistige Geburt ein Prozess. Er vollzieht sich, indem ich eine Grenze nach der anderen aufhebe und so immer weiter werde, bis ich grenzenlos, allumfassend und wirklich frei geworden bin. Bis ich wieder ganz eins geworden bin. Ich muss den Weg des Buddha gehen, bis ich die Illusion des Ichs aufgelöst habe. Dann bin ich wieder geworden, was ich immer war: *Ich selbst!*

*Der Weg des Buddha*

In seiner Jugend lebte er als Prinz, umgeben von Luxus in einem Palast, abgeschirmt von der Welt. Als er eines Tages den Palast verließ und das Elend und Leid um sich herum sah, war er verzweifelt. Er konnte nicht erkennen, warum es so viel Leid auf der Welt gab, und suchte eine Antwort. Und so fasste er einen Entschluss – er machte sich auf den Weg.

Er zog von einem Meister zum anderen, immer auf der Suche nach einer Antwort auf seine drängenden Fragen, doch keiner konnte ihm eine wirkliche Antwort geben. So vergingen sieben lange Jahre, in denen er immer verzweifelter wurde. Eines Tages saß er unter einem uralten Boddhibaum und gab auf. Gab all seine Hoffnungen auf, doch noch eine Antwort zu finden, aber auch seine ganze Verzweiflung, ließ alles los und ergab sich Gott.

Und in diesem Augenblick geschah das Wunder – er gelangte zur Erleuchtung. Er erkannte, dass er gar nichts wirklich Hilfreiches tun konnte und überließ sich dem Wirken des Schöpfers. Er erkannte Gott in sich – sein Wahres Selbst! Er war einverstanden mit dem Leben und mit dem, was Gott mit ihm vorhatte, und im gleichen Augenblick geborgen im großen Ganzen. Er erkannte sich als all-ein, und das gab ihm Ruhe und Zuversicht. Er war nur der stille Beobachter, der zusah, wie Schöpfung geschieht.

Nicht er handelte mehr, sondern »es« handelte durch ihn. Er überließ sich ganz dem Geschehen, wagte den Sprung in den Fluss des Lebens und ließ sich tragen.

Wenn alles von uns abfällt, was uns ausmacht, sind wir frei von der Illusion des Ichs, und wir werden zum Selbst. Es ist nichts mehr zu tun – alles ist geschehen und geschieht ewig. Alles ist plötzlich ganz einfach.

Wenn wir die Vollkommenheit unseres Wahren Selbst immer vollkommener in unserem Leben zum Ausdruck bringen, leben wir nicht nur im Wohlstand auf allen Ebenen des Seins. Wir erleben vor allem wahre Selbst-Verwirklichung und damit unsere geistige Geburt. Wenn Sie es zulassen, treten Sie in diesem Augenblick in eine neue Dimension Ihres Seins ein. Alles, was bisher so wichtig erschien – Erfolg, Reichtum und Macht –, wird völlig unwichtig. Das, was bisher weniger wichtig war – Entwicklung und Erkenntnisse –, wird nun der eigentliche Lebensinhalt. So wie die körperliche Geburt zwei Eltern braucht, so braucht auch die geistige Geburt zwei: Weisheit und Liebe.

Ohne Weisheit und Liebe kann niemand seine geistige Geburt erleben. Keine von beiden kann allein die geistige Geburt bewirken, es sind beide dazu notwendig. Diese vollkommene und endgültige Auferstehung des neuen Menschen geschieht nicht plötzlich, sondern Schritt für Schritt. Doch wenn das Licht in uns einmal erwacht ist, wird es nie mehr verlöschen.

Auch wir leben, wie Buddha in seiner Jugend, anfangs in einem Palast der eigenen Vorstellungen, abgeschirmt von der Welt draußen. Erst wenn wir geistig erwachsen werden, erkennen wir die Wirklichkeit hinter dem Schein, lösen die eigenen Vorstellungen immer mehr auf und fangen an, mehr und mehr in der Wirklichkeit zu leben.

Und wie Buddha machen auch wir uns eines Tages auf den geistigen Weg, um Antworten auf unsere drängenden Fragen zu finden. Auch wir ziehen von einem Meister zum anderen. Zuerst heißt unser Meister vielleicht Anerkennung, dann Erfolg, Geld oder Macht. Doch bei diesen Meistern werden wir keine brauchbare Antwort auf unsere Fragen finden.

Erst wenn auch wir eines Tages unter dem Boddhibaum sitzen, die alten Meister verlassen haben und einen neuen Meister gefunden haben mit dem Namen »Erkenntnis«, kann von einem Augenblick zum anderen das Wunder geschehen: Wir erkennen uns selbst und damit Gott. Alles Suchen hat ein Ende, wir sind von einem Augenblick zum anderen am Ziel. Die Seifenblase der Illusion des Ichs ist geplatzt – wir sind zur Ein-Sicht gekommen. Wir erkennen den Einen in allem.

Doch das ist erst der Anfang der Erleuchtung, der Anfang des Prozesses, der sich so lange fortsetzt, bis wir uns nicht nur erkannt haben, sondern wir selbst geworden sind, um fortan als Meister zu leben. Doch wenn Sie glauben, das sei das Ziel, sollten Sie wissen: Jetzt geht es erst richtig los! Dann erkennen Sie, dass alles bis dahin nur Vorbereitung war auf den Beginn des eigentlichen Lebens. Also halten Sie sich mit der Vorbereitung nicht allzu lange auf! Lassen Sie die geistige Geburt geschehen. Fangen Sie an, als Meister zu leben – als Sie *selbst!*

*Leben als Meister*

Viele Menschen zweifeln daran, dass es in unserer hektischen Zeit möglich ist, den geistigen Weg zu gehen. Viele glauben auch, das bedeute, Haus und Familie zu verlassen, um ein Leben in Einsamkeit und Meditation zu führen. Ein solches Gebot der Enthaltsamkeit und ein solcher Verzicht auf materiellen Wohlstand trennen nur die spirituelle Seite des Lebens von der materiellen. Sie verfehlen die Ganzheit.

Viele glauben auch, das tägliche Leben würde die geistige Entfaltung behindern. In Wirklichkeit aber ist es umgekehrt. Geistige Reife ist nicht in der Isolation zu erreichen, das kann bestenfalls ein hilfreicher Schritt sein. Sie muss vielmehr so stark werden, dass sie sich in der äußeren Welt bewährt. Jedes Bestreben, sich zurückzuziehen, sich abzuwenden von den alltäglichen Dingen, trennt in Wirklichkeit vom lebendigen Strom des Lebens.

Der richtige Platz für meinen geistigen Weg ist immer dort, wo ich gerade stehe. Nur von dort aus kann ich den nächsten Schritt tun. Auf diesem Weg ist mein Ego Freund und Versucher. Ist mein wichtigster Lehrer auf dem Weg zur Selbstverwirklichung. Wie schwer das Leben ist, entscheide ich selbst, denn das Leben ist immer nur so schwer, wie ich es nehme.

Ich brauche im Leben auch nicht dafür zu sorgen, dass ich weiterkomme, sondern brauche nur dankbar anzunehmen, was das Leben mir schenkt, die Chancen zu nutzen, die es mir bietet. Ich erkenne, ich bin das Licht der Vollkommenheit in meinem Inneren. Ich ent-wickle das Licht, indem ich alles loslasse, was nicht zu diesem vollkommenen Licht gehört. Ich entscheide, was in meinem Leben geschieht. Denn worauf ich mein Bewusstsein richte, das verwirklicht das Leben.

Solange ich noch denke: »Gott ist in mir«, trenne ich mich noch von ihm. Ich erkenne mich als individualisierten Teil Gottes. Schöpfer und Geschöpf sind identisch – *sind eins!*

Vollkommen sein heißt also nicht, gut sein zu wollen. Solange ich versuche, ein Ideal zu leben, trenne ich mich von ihm. Vollkommen sein heißt, »heil« zu sein, ganz ich selbst zu sein.

Als Meister will ich nicht mehr die Umstände ändern, sondern mich selbst. Ich komme immer mehr zur Ein-Sicht, um so im Ein-Klang zu leben mit allem. Sobald ich das höchste Bewusstsein im anderen erkenne und anspreche, lösen sich alle Auseinandersetzungen und Konfrontationen von selbst.

Es gibt keinen Grund, auf etwas zu warten, denn der Erlöser wartet auf seine Geburt in mir. Ich kann sie beschleunigen, indem ich meine Gedanken heile und Worte und Taten folgen lasse. Indem ich nur noch das tue, was aus dem Herzen kommt, ist alles Tun Heilung. Dann ruhe ich in mir. Dann erkenne ich mich – Gott – in jedem anderen.

## *Die sechste Geburt*

Die sechste Geburt ist die Selbst-Beherrschung. Das heißt, der Mensch hat seinem Wahren Selbst die Herrschaft über Leben und Sein übergeben. Das Ego hat sich als Ausdruck Gottes erkannt, als individualisierten Aspekt seines Willens. So lebt der Mensch mehr und mehr aus der »inneren Führung«.

So wie die Seele bei der ersten Geburt durch Zeugung in die materielle Welt trat, tritt sie nun als Zeuge seines Willens in der geistigen Welt auf. Das Zeugnis seines Willens ist zur eigenen Über-Zeugung geworden. Wer so überzeugt ist, der kann nicht nur andere überzeugen, sondern sein gesamtes Leben legt Zeugnis ab für die innere Überzeugung. Von nun an lebt er, was er sagen will.

Wie das Kind nach der zweiten Geburt als selbstständiges Wesen in die materielle Welt eingetreten ist, so tritt der Mensch nach der sechsten Geburt nun bewusst und selbstständig handelnd in die geistige Welt ein. Alle Bindungen und Abhängigkeiten sind gelöst. Er folgt frei nur noch der Stimme seines Gewissens. Äußere Gebote können nur noch in dem Maß beachtet werden, wie sie mit dem eigenen Gewissen in Einklang stehen.

Wie bei der dritten Geburt das Ego erwachte, so ist durch die sechste Geburt das *Ich bin* erwacht, die bewusste Einheit mit Gott in allem. Durch das Erwachen des Ego war ich plötzlich getrennt von allem. Durch das Erwachen meines Wahren Selbst, des *Ich bin* in mir, bin ich wieder zurückgekehrt, ins Paradies der Einheit mit allem.

## *Die siebte Geburt*

Die siebte Geburt ist die Selbst-Vollendung. Wollen und Tun sind identisch geworden, Absicht und Tat eins. Der Eigenwille ist eingeflossen und eins geworden mit dem Schöpfungswillen. Das ganze Leben ist ein sichtbar gewordener Ausdruck Seines Willens.

Gott lebt in mir und wirkt durch mich. Wo immer ich bin, ist Gott; was immer ich tue, tut Gott. »Der Vater und ich *bin* eins.« Es gibt keine Zweifel und keine Bedenken mehr. Mein gerichtetes Bewusstsein ist ein reiner Kanal für das Wirken der Einen Kraft, die wir Gott nennen.

Der individualisierte Teil des einen Bewusstseins, das ich bin, steht ständig mit dem Ganzen in Verbindung, ist allumfassend geworden und schließt alles Sein ein. Da ist kein Ich und kein Du mehr. Alles ist eins. Alles Wissen ist in mir, die Antwort auf alle Fragen. Ich habe mich als Aufgabe gelöst und bin frei, dem Ganzen zu dienen.

Durch die siebte Geburt hat die *Schöpfungsidee Mensch*

ihren höchsten Ausdruck gefunden. Das Ziel ist erreicht. Nun beginnt das eigentliche Leben. Denn erst durch die siebte Geburt habe ich die Voraussetzung geschaffen, dass mir eine erste Aufgabe in der Schöpfung übertragen werden kann: Das wahre Spiel des Lebens kann beginnen.

Der Vollkommene ruht gelassen in seiner Mitte und lässt das Leben aktiv durch sich geschehen. Er hat keine persönlichen Wünsche und Absichten mehr. Er hat sich selbst erkannt als Ausdruck der Einen Kraft des *Ich bin*. So ist er offen und frei von jedem Egoismus. Die Sünde der Trennung ist beendet; er ist fähig, die Wahrheit hinter allem Schein zu erkennen.

Da er sich als In-dividuum, als ungeteilt und eins mit allem erkannt hat, kann er auch sich selbst ganz zulassen: seine Gedanken und Gefühle, seine Bedürfnisse, sein So-Sein. Er kann sich annehmen und lieben, so wie er ist. Ebenso kann er auch jeden anderen annehmen in seinem So-Sein. Er will weder haben noch etwas erreichen und erlebt die Ewigkeit in jedem Augenblick. Er lebt in einer unbegrenzten inneren Freiheit, ist bescheiden und zuverlässig, aber folgt nur noch seinem Gewissen, dem inneren Erkennen der Wahrheit.

Er kann alles ertragen, sich mit allen vertragen und alles aktiv mittragen. Er lebt in der allumfassenden Liebe. Er ist nicht mehr von dieser Welt, sondern nur noch *in* dieser Welt, und das ganze Leben ist zur reinen Freude geworden. Er lebt in der Glückseligkeit, jederzeit bereit, jedem Teil des Ganzen, die Wahrheit und Freude in sich zu ent-decken. Er braucht keinen Weg mehr, er ist selbst zum Weg geworden. Und in jedem Augenblick am Ziel!

Wie komme ich dazu,
immer etwas sein zu müssen,
anstatt einfach zu sein?
*Heinrich Zimmer*

## Das Gesetz der Gnade

Gnade ist der Geist Gottes, der durch den Menschen wirkt und ihn sicher führt und verwandelt – sobald er darum bittet. Sobald ich um Führung bitte, erhalte ich sie im Ausmaß meiner Bitte. Eine Wirkung des Gesetzes der Gnade ist das Recht des Menschen, jederzeit aus der Unwissenheit in das Licht der Erkenntnis zu treten, sein geistiges Erbe der Vollkommenheit anzunehmen.

Gnade ist, dass ich beten darf und immer erhört werde, *wenn ich Erfüllung nur zulasse.* Gnade ist auch, dass Gott immer wieder in Zeiten der Not CHRISTUS (erleuchtetes Bewusstsein) inkarnieren lässt. Gnade ist, dass wir der allumfassenden Liebe Gottes jederzeit und überall teilhaftig werden können, indem wir uns ihr zuwenden und uns ihr öffnen.

In der Gnade zu leben bedeutet, offen und empfänglich zu sein. Es bedeutet nicht, sich von der äußeren Welt abzuwenden, sondern sie mit dem Geist Gottes zu erleuchten. Der Mensch aus sich vermag nichts, Gott im Menschen aber alles.

Manche glauben, dass Gnade im Widerspruch zum Gesetz des Schicksals stehe, nach dem jede selbst gesetzte Ursache auch als Wirkung erfahren werden müsse. Dieses Gesetz wirkt absolut, das Wirken der Gnade aber bietet dem Menschen die Freiheit der Wahl: den königlichen Weg der Erkenntnis zu gehen oder den normalen Weg von Krankheit und Leid. Beide Wege führen letztlich zur Ein-Sicht und machen den Menschen bereit für die Gnade.

## *Karma als Gnade*

Unser Seinsauftrag lautet unmissverständlich: »Ihr sollt vollkommen sein, wie der Vater im Himmel vollkommen ist.« Aber reicht ein Leben dafür aus? Oder hat Jesus uns da einen undurchführbaren Auftrag gegeben? Erkenne ich die Wirklichkeit hinter dem Schein, ist Karma Ausdruck der Liebe Gottes und damit Gnade. Sie besteht darin, dass er uns nicht nur zur Vollkommenheit berufen hat, sondern uns durch das Gesetz des Karma auch mit absoluter Sicherheit zu diesem Ziel führt. Daher gibt es auch kein »gutes« oder »schlechtes« Karma, da beide zum gleichen Ziel führen. Das bedeutet, dass auch Krankheit, Leid und Verlust Auswirkungen der göttlichen Gnade sind. Denn sie sind ja in Wirklichkeit unübersehbare Hinweise dafür, dass wir vom rechten Weg abgekommen sind, und fordern uns auf, auf diesen Weg zurückzukehren.

Würde falsches Handeln nicht durch eine schmerzhafte Erfahrung bewusst gemacht, wir würden es meist nicht bemerken. So ist auch Schmerz Gnade, und unser Schicksal ist immer ein spezieller »Maßanzug«, für uns geschaffen. Alles, was mir widerfährt, will mir nur dienen und helfen. Daher ist alles gut, so wie es ist. Wir belohnen oder bestrafen uns selbst, indem wir uns unserem Wahren Selbst und damit Gott nähern oder uns von ihm entfernen. Entfernen wir uns von ihm, leben wir in Sünde, was nichts anderes heißt als Trennung. Wir werden also nicht von Gott für unsere Sünden bestraft, sondern von unseren Sünden.

Karma wird uns also nicht von außen auferlegt, sondern von uns selbst: durch unser Denken, Fühlen und Handeln. Alles, was mir widerfährt, habe ich not-wendig gemacht. Das Leben konfrontiert mich mit jeder Lektion, die ich brauche, nicht die mein Ego sich wünscht!

Das Gesetz des Karmas fordert von uns aber auch die bewusste Übernahme der vollen Verantwortung für die Folgen unseres Tuns. Wir alle sind Schöpfer und haben die Freiheit, zu schöpfen, was immer wir wollen. Das Gesetz konfrontiert uns nur mit den Folgen unseres Tuns und zeigt uns so eine eventuell falsche Wahl. Durch das Gesetz wird es unmöglich, eine Handlung zu tun und deren Wirkung zu entfliehen.

Jede Lektion, die ich bewältigt habe, löst einen Teil dessen auf, was mich von der Erkenntnis der Wirklichkeit meines Wahren Seins und von der Einheit mit allem trennt. Lerne ich aber meine Lektion nicht, löse ich die Aufgabe des Lebens nicht, wird diese Aufgabe vom Gesetz so lange wiederholt, bis ich sie gelöst habe. Ich bekomme »Nachhilfeunterricht« vom Schicksal.

Das Gesetz des Schicksals hat keine Entscheidungsmöglichkeit. Und doch beinhaltet die Gnade Gottes auch, dass sich jeder in jedem Augenblick vom Karma befreien kann, indem er seinen eigenen Willen in den Willen Gottes einfließen lässt. Das Gesetz kann ihn nur erreichen, solange ein Ego da ist, das in der Illusion des Getrenntseins lebt und daher eigenwillig handelt. Sobald die Illusion des Getrenntseins aufgelöst und damit kein Ich mehr da ist, das eigenwillig handeln könnte, kann das Gesetz niemand mehr erreichen.

So gibt es nichts in diesem Leben, wofür ich nicht von Herzen dankbar sein könnte. Danken sollte ich auch für die Gnade dieser Erkenntnis, die es mir ermöglicht, mich jederzeit aus der selbst geschaffenen Hölle des Egoismus und der Geistesblindheit zu entfernen, um zurückzukehren in das Licht der Wirklichkeit meines Wahren Seins.

Versuche nicht,
Stufen zu überspringen!
Wer einen weiten Weg hat,
läuft nicht.

*Paula Modersohn*

## Das Gesetz des Segnens

Ein Segen, der in die Welt gesandt wird, ist die reinste und feinste Form von Gedankenenergie und bewegt die stärkste Kraft des Universums – die Göttliche Liebe. Diese unendliche Kraft der Liebe ist da und wartet nur darauf, von einem Schöpfer in Tätigkeit gesetzt zu werden. Das Gesetz des Segnens lautet:

- Was immer ich ehrlichen Herzens segne, ist im gleichen Augenblick gesegnet. Die Macht des Segens beginnt sofort segensreich zu wirken.
- Was immer ich ehrlichen Herzens segne, muss mir zum Segen werden. Segne ich einen »Feind«, gewinne ich einen Freund.

Segnen bedeutet, für eine Person oder Situation Gottes Gnade zu erbitten; für eine Person oder Situation Gutes wünschen. Segnen heißt aber auch, sich nicht nach dem äußeren Anschein zu richten, sondern das Gute zu sehen und dadurch hervorzurufen. Gott wies Abraham auf die Macht des Segnens hin, als er zu ihm sprach: »Ich will dich segnen … und du sollst ein Segen sein.« (1. Mose 12,2)

Die Form des Segnens spielt keine Rolle. Ich kann den Segen sprechen, kann ihn denken oder fühlen. Was zählt, ist nur die Ehrlichkeit des Herzens. Ich kann Segen auch einfach geschehen lassen oder ihn als Licht oder Strahlen imaginieren.

Alles, was ist, kann ich segnen. So könnte ich von nun an jeden Menschen segnen, der mir begegnet, und so jedem zum Segen werden. Ich kann gleich damit beginnen und den segnen, den ich am wenigsten mag.

Ich kann aber auch jedes Ding und jede Situation segnen. So segne ich meinen Körper. Wenn mir ein Teil davon Schwierigkeiten macht, dann segne ich diesen Teil oder das Organ, aber niemals die Krankheit. Ich kann meinen Beruf segnen, mein Haus und ganz besonders meine Familie. Ich kann mein Auto segnen oder mein letztes Geld. Ich kann Freund und Feind, Stadt und Land segnen, alles, was mein Leben ausmacht, und alles wird mir zum Segen werden.

Ich kann sogar Gott segnen, also mein Wahres Selbst, und so wird Gott mir ständig zum Segen. Ich kann von nun an ein gesegnetes Leben leben und jedem, der mir begegnet, und allem, was ich ist, zum Segen werden.

Ich kann erkennen, dass wir das Paradies nie verlassen haben. Das richtige Bewusstsein lässt mich im »Himmel« leben, gleich *hier und jetzt!*

Schweigen ist das Element,
in dem sich große Dinge gestalten.
*Thomas Carlyle*

Stille ist der Klang der Seele.

## Das Gesetz des Bewusstseins

Wir können die Geistigen Gesetze erkennen, dadurch die Gesetze des Lebens verstehen, sie in unser Leben integrieren und so unser Leben meisterhaft gestalten. Der letzte Schritt jedoch ist, *die Geistigen Gesetze selbst zu sein.*

Die Geistigen Gesetze sind eine Erscheinungsform des *Einen Bewusstseins.* Indem wir in die Identifikation des Einen Bewusstseins gehen, werden wir zu den Geistigen Gesetzen.

### *Die Bedeutung des Bewusstseins*

Wir stehen heute an der Schwelle einer neuen Epoche in der Entwicklung der Menschheit, dem Eintritt in ein höheres Bewusstsein, mit dem wir unser geistiges Erbe in Besitz nehmen.

Irgendwann kommt im Leben eines jeden Menschen ein einmaliger Augenblick – er wird sich seiner selbst bewusst. Von einem Augenblick zum anderen *weiß* er plötzlich, wer er ist, wer er wirklich ist. Das *wirkliche Selbstbewusstsein* erwacht.

*Und dieser eine Augenblick ändert das ganze Leben.* Nichts ist danach so, wie es eben noch war. Es ist der Schritt von der Kindheit zum Erwachsenwerden.

Der Weg zu sich SELBST bleibt keinem erspart, obwohl wir natürlich in Wirklichkeit immer wir selbst sind, aber es geht darum, *genau das zu erkennen*, besser: *es zu erleben und bewusst zu leben.*

*Scheinbar* gibt es auf diesem Weg *einige Schwierigkeiten zu meistern*, und es könnte sich die Frage stellen: »Warum sollte ich überhaupt diesen Weg gehen?« Die Antwort ist einfach: »Weil es nichts anderes zu tun gibt.« Es ist das Einzige, worum es hier geht, und wir haben *uns darauf eingelassen, bevor wir geboren wurden.* Die Geburt zeigt nur, dass die Reise begonnen hat. Ich *kann* gar nicht aussteigen, ich *bin* schon auf dem Weg. Ich kann nur noch entscheiden, ob ich diesen Weg *bewusst oder unbewusst* gehe. Als *Ego* oder als ICH SELBST.

Niemand kann diesen Weg für uns gehen, und wir können das Ziel auch nicht verfehlen. Wir sind dazu in die Illusion der Dualität eingetreten, um wählen zu können, vor allem unsere Identifikation zu wählen: Womit identifizieren wir uns? Die Wahl unseres Seins, unserer Identifikation, bestimmt die Erfahrungen, die wir machen. Und ganz gleich, was wir wählen, es gibt keine Strafe, keine Vergeltung, nicht einmal eine falsche Wahl, sondern nur Konsequenzen, Resultate, Ergebnisse.

Alles folgt den natürlichen Gesetzen. Wir können nicht aufhören, Schöpfer zu sein, aber wir können es vergessen und so tun, als seien wir Opfer der Umstände, die wir in Wirklichkeit selbst geschaffen haben. *Wir können dieses Spiel nicht verlieren, und es gibt keine Möglichkeit, nicht dorthin zu kommen, wohin wir unterwegs sind.*

Auf diesem Weg sind Leiden völlig unnötig. Sie zeigen nur, dass ich eine unangenehme Konsequenz hervorgerufen habe, und fordern mich auf, das zu ändern oder es bewusst zu erleben.

Wir alle *haben* Bewusstsein, aber kaum jemand *ist bei* Bewusstsein. Zu Bewusstsein kommen heißt, mich an mein *wahres Wesen* zu er-innern.

Die »Unschuld der Ahnungslosigkeit« hatte auch ihre Vorteile, aber sie ist vorbei, und nichts kann sie wieder zurückbringen. Aber nun wartet ein ganz neues Abenteuer, das Abenteuer des eigentlichen Lebens, und das kann man nur bewusst erleben.

Was die Welt ebenso wie jeder Einzelne dringend braucht, ist ein *Erwachen des Bewusstseins*, denn die Krise in der Welt ist ebenso wie die Krise im Leben des Einzelnen im Kern eine *Bewusstseinskrise.* Wir müssen mehr für die Welt tun, als nur die Umweltverschmutzung drosseln und die Regenwälder retten, wir müssen uns von dem materialistischen, egozentrischen Ich-Bewusstsein befreien, das diese Schwierigkeiten hervorgerufen hat. Sonst beseitigen wir nur die Auswirkungen, aber nicht die eigentliche Ursache.

Durch unsere einseitige Betonung des Verstandes fehlt ein direktes *Verständnis* für die einfachsten Tatsachen des Lebens.

## *Vom Ego zum ICH BIN*

Wir sind alle das *Eine.* Wir unterscheiden uns lediglich dadurch, dass wir unterschiedliche Aspekte des Einen ausdrücken. Wir sind umgeben von Illusion, in der wir uns spiegeln, um uns selbst zu erkennen. Realität ist ein Spiegelbild unseres Bewusstseins.

Das Eine ICH BIN ist einzigartig, allumfassend, einfach unbeschreiblich – aber es ist jederzeit erlebbar, weil es *ist.* Das Erleben dessen, was ist, verwandelt sich total, wenn Sie erkennen, mit welchem Verhalten und mit welchen Vorstellungen Sie sich bisher begrenzt haben. Indem Sie es erkennen, haben Sie die Wahl, es zu lassen. Sie verwandeln sich, indem Sie das JETZT ganz bewusst erleben. Sie wachsen dabei ganz natürlich über sich hinaus in die Grenzenlosigkeit des *Wahren Seins*. Sie hören auf, sich nur zu »bedenken«, und fangen an, sich wirklich zu erleben. Sie hören auf, sich zu »ver-halten«, und fangen an zu sein, was ist.

Ein »Ich«, ein *Ego*, versucht Bewusstsein mit dem Verstand zu erfahren, aber das ist nicht möglich, weil das Werkzeug Verstand begrenzt ist und das grenzenlose Bewusstsein gar nicht erfassen kann. Aber auch ein Ego kann Bewusstsein nicht erfassen, weil ein Ego nur auf der Realitätsebene relativ existiert. Bewusstsein aber ist ein Teil der Wirklichkeit und kann von der Illusion nicht erkannt werden. *Ego* hat kein Bewusstsein, *Ego* kann auch seine Grenzen nicht überschreiten.

Ich muss also zunächst einmal heraustreten aus jeder Identifikation und zu meiner Wahren Identität erwachen. Als der, der ich wirklich bin, *bin* ich Bewusstsein und benutze das Instrument Wahrnehmung zum Erkennen und Erfassen von Bewusstsein, von ICH BIN. Dann braucht es auch keine Zeit, sondern es geschieht in Punktzeit.

Der erste Schritt ist, den Verstand zu überschreiten, ihn nicht mehr zu benutzen und Gedankenstille herzustellen. Dann löse ich mich aus jeder Identifikation und erwache zu meiner wahren Identität. Und damit sind Bewusstsein und Wahrnehmung mein natürlicher Zustand.

Irgendwann schauen Sie in einen Spiegel, in der Erwartung, Ihr vertrautes »Ich« zu sehen, und schauen plötzlich *sich selbst* in die Augen!

*Bewusst-Sein ist dein natürlicher Zustand von erlebter Einheit mit dem Wahren Sein, dem ICH BIN! In diesem Zustand bist du mit etwas Unendlichem verbunden, das du bist und das doch größer ist als alle Vorstellung von dir. Wenn du versuchst, es mit dem Verstand zu erfassen, es zu »verstehen«, hast du es gerade verfehlt. Und doch ist es ständig da, denn du bist da!*

## *Leben im wahren »Ich-Bewusstsein«*

Wenn wir »Ich« sagen, meinen wir meistens unser Ego, das »kleine Ich«, die Illusion von uns selbst.

Wir sollten uns einmal bewusst machen, was *ich* wirklich meint. Ich kann nur zu dem *ich* sagen, was ich *wirklich bin.* Ich bin reine Existenz, vollkommenes, ewiges Sein, ICH BIN. Ich kann daher nie mehr sagen: »Ich bin krank«, denn ICH BIN kann nicht krank werden oder sein.

So wird dieses kleine Wort *ich* zum Höchsten Gebet. Es erinnert mich jedes Mal daran, dass ich ein ungetrennter Teil der Höchsten Kraft des Universums bin, des *einen Seins.*

Wann immer ich von nun an *ich* sage, meine ich das *Eine sein*, meine ich GOTT, und es ist Gotteslästerung, wenn ich noch einmal sage: »Ich bin krank«. Wie kann Gott krank sein? Oder unglücklich? Indem wir erkennen, was *ich* wirklich bedeutet, erhebt uns das in ein Höheres Bewusstsein. Dann geschieht ein Quantensprung im Bewusstsein, ich lasse nach und nach alle Identifikationen los und erwache damit zu meiner *wahren Identität* – ICH BIN.

In diesem reinen Sein gibt es auch kein Problem, weil niemand da ist, der sich nach etwas anderem sehnt, wünscht, oder ablehnt. Es ist *ein vollkommenes Einverstandensein mit dem, was ist.*

*Alles, was zu tun ist, »geschieht« aus diesem Sein heraus mühelos und vollkommen.* Es gibt keine Enttäuschung mehr, weil es keine Täuschung mehr gibt.

Erstaunt stellen Sie fest, dass das Denken nicht nur verzichtbar ist, es hat die ganzen Probleme des Lebens erst durch sein Urteil und seinen Widerstand geschaffen.

Mit dem Denken verschwindet auch das *Ego*, das es ohnehin nie gegeben hat, sich aber anmaßte, alles regeln zu müssen, ohne es wirklich zu können. Das »unpersönliche Leben« beginnt, frei von einem ständig urteilenden Ego. Niemand greift ein, regelt und kontrolliert – und doch geschieht alles vollkommen zur rechten Zeit.

Der »Fluss des Seins« wird spürbar. Ich bin nicht mehr so oder so, sondern ICH BIN, und ich erkenne, *das* ist mein natürlicher Zustand. Ich bin wieder in die Wirklichkeit zurückgekehrt, bin endlich *zu Hause* angekommen. Gedanken oder Gefühle, die aufkommen, lösen sich in diesem Bewusstsein einfach auf. Es gibt keinen persönlichen Willen mehr, der mit dem Schöpfungswillen kollidieren könnte, alles »stimmt« plötzlich wieder. Erst wenn ich so »angekommen« bin, erkenne ich, dass ich nie weg war.

Oft sind wir in einem solchen Bewusstsein der Erkenntnisklarheit, ohne es zu bemerken, weil wir unsere Aufmerksamkeit dabei nicht auf eine Schwierigkeit richten.

Oft brauchten wir ein solches Bewusstsein, ohne eine Möglichkeit zu haben, es zu erreichen. Ohne dieses Bewusstsein gibt es für viele Probleme gar keine Lösung, zumindest ist sie nicht zu erkennen. In diesem Bewusstsein aber wäre alles ganz einfach.

*Bewusst-Sein* ist also nicht etwas, das man zehn Minuten oder zwei Stunden oder sechs Stunden täglich praktiziert. Auch nicht etwas, das man sonntags tut. *Bewusstes Sein* ist ein Zustand des Bewusstseins, ein Weg zu leben, der *ständig* gegangen werden sollte.

Dieser Weg ist nicht nur natürlich, er ist letztlich der einzige. Auch im Zeitalter der Raumfahrt ist die Reise zu sich selbst das größte menschliche Abenteuer geblieben.

### *Das Loslassen der »Inneren Führung«*

Und das ist das *Gesetz des Bewusstseins: »DAS SELBST führt sich selbst zum SELBST als Bewusstsein zurück.«*

Auf diesem Weg zu mir Selbst muss ich irgendwann einmal auch die »Innere Führung« loslassen, denn *wer* sollte da *wen* führen?

Ich muss als SELBST die volle Verantwortung für alles Geschehen übernehmen und damit die Führung, sonst bleibe ich in der Dualität.

Das ist auch das Ende der »Mami-Pappi-Beziehung« zum Leben und ebenso zu Gott. Ich muss irgendwann erwachsen werden und vom »Ich« als Ego zum ICH-SELBST werden. Sobald ich im Ein-Klang mit mir selbst und dem Sein bin und aus diesem Ein-Klang heraus handle und bin, verschwindet die Illusion einer Führung.

*Aufwachen ist ein fortlaufender Prozess. Niemand wacht ein für alle Mal auf. Wachsein kennt ebenso wenig eine Grenze, wie es für Lebendigkeit eine Grenze gibt.*

Solange Sie suchen, ganz gleich wonach, sind Sie durch das Ziel Ihrer Suche gebunden. Solange Sie suchen, befinden Sie sich nur auf einem Schaufensterbummel. Was Sie wirklich suchen, sind Sie SELBST, aber wohin Sie auch schauen, wo Sie auch suchen mögen, im Außen können Sie sich nicht finden. Erkennen Sie also zunächst, dass *der Suchende der Gesuchte ist* und dass es kein anderes Ziel gibt, als sich selbst zu finden. Da Sie aber Sie SELBST sind, immer waren und immer sein werden, gibt es in Wirklichkeit nichts zu suchen, Sie sind am Ziel, ja Sie *sind das Ziel.* Die Suche ist zu Ende, Sie können anfangen zu leben.

Suchen Sie auch nicht nach einem Weg, denn zur Wahrheit

führt kein Weg, weil Wahrheit etwas Lebendiges ist. Wege führen zu Kirchen, Moscheen, Tempeln. Wege können auch zu Lehrern, zu Wissen, vielleicht sogar zu Erkenntnissen führen, nur um zu erkennen, dass alles Wissen bereits in Ihnen ist und darauf wartet, dass Sie sich »erinnern«. Zu sich SELBST aber führt kein Weg.

Hilfreich kann sein, alles zu vergessen, was man über sich weiß, denn das alles betrifft Sie gar nicht, sondern nur Ihre Persönlichkeit. Erkennen Sie, dass Sie über sich SELBST noch gar nichts wissen, und »ent-decken« Sie sich.

Machen Sie sich bewusst, dass man Erkenntnisse, Freiheit oder Erleuchtung usw. nicht gewinnen, erreichen, erarbeiten, ermeditieren kann und auch nicht braucht, denn alles das haben Sie nie verloren.

## *Die Kunst des Nicht-Tuns*

Sie können jederzeit die Erfahrung machen, dass in Gedankenstille das Wahre *Sein* bewusst wird, weil es ständig präsent ist. Es *gibt nichts zu tun, um zu sein, der ich bin.* Das ist der Schlüssel. Es braucht keinen Gedanken, keinen Plan, nur einfach zu sein und aus der Vollkommenheit des *Seins* geschehen lassen, was ist. Und alles, was zu tun ist, wird so getan, ohne jemanden, der tut. *Das ist Tun durch Nicht-Tun! Das ist die taoistische Kunst des Wu-wei.*

Das Faszinierende daran ist, die Tür ist offen und Sie können jederzeit eintreten in die Vollkommenheit des Nicht-Tuns. Es sind keine Voraussetzungen erforderlich, und es ist vollkommen mühelos. Im Gegenteil, sobald Sie sich bemühen, haben Sie es verfehlt. Sobald Sie die Anstrengung aufgeben, ist es ganz einfach. Das einzige Hindernis waren die Gedanken und die Absicht, etwas zu tun.

Das Nicht-Tun *kann* man nicht tun. Man kann es nur geschehen lassen. Man kann es auch nicht verstehen, denn verstehen kommt aus dem Verstand und damit aus dem Denken. Verstehen ist eine Imitation von Erkenntnis. Verstehen führt zu Wissen und zur Vor-Stellung des Gewussten. *Wahres Wissen wird bewusst, sobald ich meine Vorstellung aufgebe und einfach erfahre, was ist.* Dann verschwindet die Trennung zwischen Wissendem und Gewussten.

*Loslassen ist kein Tun, sondern die Beendigung des Tuns.* Es ist so einfach, dass es vielen schwer fällt. Es ist, als wenn ich sage: »Ich laufe und laufe und weiß nicht, wie ich anhalten soll«. Einfach, indem ich nicht mehr laufe!

Loslassen ist vollkommen mühelos. Loslassen heißt, *jede* Aktivität beenden und erleben, was geschieht. Dazu gehört auch, nicht mehr zu arbeiten. Unter »Arbeit« verstehen wir »alles, was ich tun *muss«*. Nehme ich das Muss weg, wird es Spiel. Und zum Spiel gehört *Muße.*

Viele können nicht einmal mehr spielerisch spielen, viel weniger spielerisch arbeiten. Ein ideales Vorbild ist unser Herz. Es arbeitet unermüdlich, ein Leben lang, Tag und Nacht, aber es wird nicht müde, weil in jeden Herzschlag eine Ruhepause eingebaut ist.

Arbeit und Muße sind eins. Muße ist kein Privileg, sondern eine Tugend und absolut unverzichtbar, wenn wir eines Tages sagen wollen: »Ich habe wirklich gelebt.«

## *Die reine Existenz ruht im ewigen Sein*

Irgendwann in dieser Ruhe begann der »Traum der Evolution«. In diesem Traum wird die *eine Existenz* sich ihrer selbst bewusst. In diesem Traum entsteht auch die »Illusion von Zeit«. Die Illusion der Vergangenheit und die Vorstellung einer Zukunft. In Wirklichkeit ist immer nur das JETZT. In diesem ewigen JETZT begegnen sich Zeit und Zeitlosigkeit, stimmen Zeit und Zeitlosigkeit vollkommen überein. Evolution bedeutet, der Same geht den Weg des Baumes. Die Illusion der Zukunft und des Ziels bestimmt den Weg, lässt die Illusion eines Weges entstehen.

Die Illusion der Zeit ist wie ein Rad. Und so wie immer nur ein Teil des Rades den Weg berührt, so kommt immer nur ein Teil des ewigen JETZT in Berührung mit dem, was wir Realität nennen. Und doch ist alles JETZT. Aber dadurch entsteht die Illusion eines Ablaufes, die Illusion von Vergangenheit, Gegenwart und Zukunft. Diese Illusion des Ablaufes findet nur im Außen statt, denn in der Mitte des Rades dreht sich alles um sich selbst, und im absoluten Mittelpunkt bewegt sich nichts. So entsteht die Illusion, dass etwas entsteht und wieder vergeht. In Wirklichkeit wurde nie etwas erschaffen und nichts wird je vergehen. Alles ist nur ein Traum, der irgendwann endet. Niemand hat Glück, niemand leidet – alles ist ein Traum.

## *Die Präsenz des Seins*

Es gibt nur ein Leben im *Hier und Jetzt.* Alles andere ist eine Illusion. Im Hier und Jetzt zu leben heißt, ganz *präsent* zu sein, ganz in der Gegenwart, im *Präsens* zu leben. Indem wir ganz präsent sind, machen wir das Leben für uns und die anderen zu einem *Präsent*, einem Geschenk, denn es ist die höchste Art der Aufmerksamkeit.

Die Präsenz des *Seins* ist die Manifestation des Unmanifestierten in der Realität. Es ist unmittelbarer Ausdruck der Wirklichkeit in der Illusion der Realität. Die Präsenz des Seins hat auch keine Verwendung für das Denken. Der Verstand wird nicht bekämpft oder verändert, nicht einmal ignoriert, denn es braucht ein »Etwas«, das man ignorieren könnte, und einen »Jemand«, der ignoriert.

Die Präsenz des *Seins* lässt weder Zeit noch Raum für das Denken. Sie findet statt im ewigen JETZT, das kein Teil der

Zeit ist, es ist nicht einmal Zeitlosigkeit, es ist nur die Wirklichkeit des Jetzt. Die Präsenz des Seins wird sich dessen bewusst, was ist, durch Wahrnehmung. Auch Wahrnehmung findet statt im Jetzt und nicht in Raum und Zeit.

Um in die Präsenz des *Seins* zu kommen, ist nichts zu tun, denn ich war nie draußen, weil es kein »Draußen« gibt. Es beginnt damit, dass ich mir der Präsenz des Seins durch Wahrnehmung bewusst werde. Ich muss weder an mir arbeiten, noch braucht es Zeit, denn alles, was Zeit braucht, bleibt in der Zeit. Ich brauche mich nur an die Wirklichkeit dessen zu erinnern, was *ist*, und mich dem ganz zuzuwenden, besser mich nicht mehr etwas »anderem« zuzuwenden. Ich lasse alles Unwesentliche los, indem ich mich voll und ganz dem Wesentlichen zuwende.

Die Präsenz des *Seins* hat weder ein Ziel noch eine andere Absicht, als zu sein. So ist auch nichts zu tun, nur zu sein. Handlung geschieht ohne Handelnden aus dem *Sein*. Handlung wirkt scheinbar in die Zeit, findet aber ausschließlich im zeitlosen JETZT statt. Jede Handlung ist ein Ausdruck des Seins, kommt aus dem Sein und führt zum Sein. Die Präsenz des *Seins* führt dazu, ständig »angekommen« im Sein zu leben, besser als lebendiges *Sein*. Als Ausdruck des Seins »geschieht« Handlung, und so gibt es nichts zu tun, als zu *sein*, im JETZT.

Dann geht es auch nicht mehr darum, die Wahrheit zu »beweisen«, nicht einmal darum, sie zu »verstehen«, denn das alles sind mentale Spielereien des klug tuenden Verstandes.

Solange ich diskutiere, argumentiere, einen Standpunkt habe und eine Meinung, deren Richtigkeit ich zu beweisen suche, bin ich im Verstand und damit in der Dualität.

Der Verstand kann nicht verstehen, was *ist*, sondern nur das, was er kennt. Er kann sich selbst nicht überschreiten. Da er das *Sein* nicht erfassen kann, kann er es auch nicht beweisen.

Unsere Philosophie versucht das Unmögliche und sucht den

mentalen Beweis. Die östliche Philosophie strebt nach der *Verwirklichung des Seins.* Sie macht aus der Wahrheit kein System.

Jede Philosophie, aber auch jede Religion begrenzt das Grenzenlose, indem sie es benennt. Und doch ist jede Religion sehr wichtig, weil sie den Blick auf das *Eine* richtet, die Eingangspforte für das *Sein* weist.

Wenn man die verschiedenen Religionen studiert, erkennt man die Widersprüche, aber indem man auf die Gemeinsamkeiten schaut, erkennt man das Wesentliche, die Wahrheit und Wirklichkeit des Seins.

So kann jede Philosophie, aber vor allem jede Religion hinführen zu dem, was *ist*, allerdings nur, *wenn ich sie letztlich loslasse, um sie überschreiten zu können. Die letzten Schritte muss jeder selbst gehen.*

Ich beanspruche nicht, die Wahrheit und nichts als die Wahrheit zu sagen, sondern möchte mit meinen Worten nur einen Raum für Ihre eigene Erkenntnis schaffen. *Die Wahrheit kann ohnehin nicht gesagt werden, sondern nur gelebt.* Aber Worte können eine Hilfe sein, sie zu erkennen.

Dabei ist alles im Grunde ganz einfach. Das Blatt löst sich im Herbst ganz von selbst vom Baum. Der Schnee fällt, der Frühling kommt, das Gras wächst. Alles ganz leicht, ohne Angst, ohne Festhalten-Wollen, ohne Therapie, ohne Trauma. Das Drama ist nur eine Illusion, die Wahrheit ist einfach. Sie ist weder gut noch schlecht, sie ist einfach.

Der natürliche Zustand besteht einfach darin, zu erkennen, wer Sie wirklich *sind*, und in diesem Bewusstsein zu bleiben.

## *Bei Bewusstsein sein*

Indem wir unser Bewusstsein auf einen bestimmten Aspekt des Lebens richten, setzen wir damit *die Schöpferische Urkraft* in Tätigkeit, ohne jedoch eigenwillig ein bestimmtes Ergebnis zu verursachen. So wird sich das wirklich *Stimmige* ereignen.

Wir richten unser Bewusstsein mit ungeteilter Aufmerksamkeit auf eine Sache, halten es darauf gerichtet und lassen geschehen, was geschieht, und nehmen wahr, was geschieht.

Stehe ich vor einem Problem …
und richte mein Bewusstsein darauf, »geschieht« sofort Lösung.

Habe ich eine Frage …
halte ich mein Bewusstsein darauf gerichtet, bis ich die Antwort erkenne.

Stehe ich vor einer Entscheidung …
halte ich mein Bewusstsein darauf gerichtet, bis ich das Richtige erkenne.

Stehe ich vor einer Aufgabe …
halte ich mein Bewusstsein darauf gerichtet, bis ich die Lösung erkenne.

Ich kann so einen Schmerz betrachten, einen Mangel, eine Beziehung, eine Situation, eine Aufgabe, die Zukunft, den nächsten Schritt, eine Prüfung, meinen Körper oder mich SELBST.

Ich halte mein Bewusstsein auf eine bestimmte Sache gerichtet, in der unerschütterlichen Gewissheit, dass die Antwort auf alle Fragen, die Lösung aller Aufgaben und Schwierigkeiten *bereits vorhanden* ist, denn sie ist immer die andere Seite der Münze.

Es gibt keine Frage ohne die entsprechende Antwort. Jedes Problem enthält bereits die Lösung usw.

Durch mein gerichtetes Bewusstsein setze ich die Schöpferische Urkraft in Tätigkeit und lasse die Antwort, die Lösung »geschehen«. Das ist kein Tun und völlig mühelos.

Es gibt nichts, was außerhalb des Einen ist. Alles, was ist, ist das, was *ist. Wer das Eine nicht überall erkennt, erkennt es nirgendwo.* Das Eine ist unerreichbar, weil es kein Außerhalb gibt. Deshalb kann niemand zur Einheit gelangen, weil das, was ist, nicht erreicht werden kann. Niemand kann heraus – wohin auch? – und niemand kann herein – woher auch?

Das gilt auch für das Höchste Bewusstsein. Von wo aus wollten Sie eintreten? Und wie sind Sie herausgekommen? Das Höchste Bewusstsein ist in *jedem* gegenwärtig, es ist Ihr augenblicklicher Zustand. Alles Bemühen aber schafft die »Illusion des Hier und Dort« und die Illusion des Vorwärtskommens. Alles Bemühen aber führt scheinbar weg vom JETZT. *Erleuchtung ist nur das Erleben, dass ich nie weg war.* In Wirklichkeit ist Bewusstsein vollkommen und enthält daher vollkommen alles, was ist.

*Dass Sie danach suchen, zeigt, dass Sie bereits gefunden haben, sonst könnten Sie nicht suchen.* Das Auge, das sich selbst sehen will, sieht nichts. Sie können *es* immer noch nicht sehen? Das haben Sie sehr fein beobachtet!

Solange Sie sich mit etwas identifizieren, trennen Sie sich von allem anderen. Erst nichtindentifiziert sind Sie wirklich offen, und keine Erfahrung kann zwischen Sie und das Unbekannte treten. Nur so können Sie eins sein mit dem Ewigen, Grenzenlosen. Sobald Sie versuchen, das zum Wissen zu machen, ist es nur noch Information im Gedächtnis, hat es aufgehört zu sein. Wissen ist Vergangenheit und damit tot. Wirklichkeit offenbart sich nur im JETZT, in dem Wissen ohne Bedeutung ist. Entweder wir denken über etwas nach, oder wir erleben es, indem wir hineingehen. Über etwas nachzudenken bedeutet, den Kontakt damit zu verlieren.

Erst wenn Sie aufhören nachzudenken, wird das wahre Sein möglich. Von einem Augenblick zum anderen gibt es nur noch Bewusstsein, das Bewusstsein des *Nichts*, kein Wissen, keine Vergangenheit und kein Ziel. Keinen, der etwas erkennt, und kein Erkanntes, nur reines, leeres Sein. Dahin gibt es keinen Weg, keine Methode. Entweder Sie erinnern sich, Sie besinnen sich auf sich SELBST, oder eben nicht.

Durch Aufhebung der Identifikation und Erkennen unserer wahren Identität betrachten wir uns als befreit oder erlöst. In Wirklichkeit hat sich natürlich nichts geändert. Es ist nur ein Versteckspiel, das das *eine* Bewusstsein mit sich selbst, in sich selbst, spielt. In Wirklichkeit gibt es nichts, wovon das *Eine* erlöst werden könnte.

Die Schöpfung ist die Spiegelung des unmanifestierten *Einen* in der Manifestation. Bei allem, was gesagt wird, spricht das universale Bewusstsein zum identifizierten Bewusstsein, es teilt sich sich SELBST mit.

Wir nehmen den Ablauf der Zeit wahr wie das Fließen eines Flusses. Das zeigt, dass wir von unserem Bewusstsein her außerhalb der Zeit in der Zeitlosigkeit sind, sonst könnten wir das Fließen nicht wahrnehmen, wären wir im Fluss.

Die einfache Wahrheit ist, dass kein »Ich« befreit werden kann, da kein »Ich« existent ist und auch kein Selbst. Jede Bemühung eines Selbst, sich selbst zu befreien, würde die Illusion nur noch verstärken, denn es setzt jemanden voraus, der sich zu befreien sucht.

Auch die Frage, ob jemand unwissend oder erleuchtet sei, ist illusorisch, da kein jemand existiert. Auch »jemand«, der glaubt, frei zu sein oder erleuchtet, ist gebunden an die Illusion seiner Existenz. »Jemand« ist genauso viel und genauso wenig existent wie der Rest des Traumes.

Natürliches Tun beinhaltet keinerlei persönliches Bemühen, es geschieht einfach.

Wahrheit kann weder gedacht noch verstanden werden, sondern nur in einem stillen Bewusstsein wahrgenommen werden.

Das, was gerade *ist*, ist das, was das Sein gerade will.

Der Verlust der »Illusion des Ich« wird ersetzt durch den Gewinn der Totalität des Ganzen. Sobald die bewusste Wahrnehmung dessen, was *ist*, erfolgt, ist der Sinn des Lebens zu erkennen als ein Tanz, dessen Absicht der Tanz selbst ist. Das *Sein* will mit dem Tanz nichts erreichen als zu tanzen und sich selbst im Tanz zu erfahren.

Das »Ich« ist weder ein individuelles Wesen noch *nichts* oder alles, es ist einfach nicht existent. Es gibt nichts, außer der reinen Existenz, die sich durch die Manifestation in der Realität selbst bezeugt und erfährt.

Die Illusion der sich ständig verändernden Realität geschieht einfach, die *eine* Wahrheit aber *ist* ewig und unveränderlich. Sobald das erkannt ist, wendet sich das Sein, das ICH BIN wieder ganz der Illusion zu, um das Spiel zu vollenden!

## Vom Umgang mit der Welt

Das Sein tritt auf drei Ebenen in Erscheinung. Auf jeder Ebene gibt es verschiedene Arten des Umgangs mit dem, was ist. Die erste Ebene ist die *Ebene der Wirkungen.*

Mit dieser Ebene befassen sich die meisten Menschen und nennen dies »Realität«. Mit dieser »Realität« kann man auf verschiedene Weise umgehen, zum Beispiel aggressiv ablehnend:

Ich kann die Realität zwar nicht begreifen, aber ich habe die Macht, sie zu zerstören.

Oder sehnsüchtig hingezogen: Meine Liebe äußert sich noch als »Habenwollen«. Als verliebter Teenager begehre ich den Partner, will ihn ganz für mich und bin eifersüchtig, wenn er sich einem anderen zuwendet. Ich will seine ganze Liebe, Aufmerksamkeit und Anerkennung für mich haben. Die gleichen Strukturen erlebe ich dann als »Erwachsener« in immer neuer Form.

Oder neutral beobachtend:

Bei dieser Art des Umgangs mit dem, was ist, werde ich möglicherweise Wissenschaftler. Ich befasse mich mit allem, was man sehen, messen und in Bezug setzen kann, und erkenne so immer mehr die innewohnende Gesetzmäßigkeit der Dinge. Wo eine Gesetzmäßigkeit ist, muss aber auch ein Gesetzgeber sein, und so suche ich nach der »Ursache« der Wirkungen.

Die nächste Ebene ist die der *Ursachen.* Als Bauer komme ich mit dieser Ebene immer wieder in Berührung. Ich kann eine Ursache setzen, indem ich etwas säe, und so die entsprechende Wirkung hervorbringen. Als Wissenschaftler erkenne ich hinter den Erscheinungen die Wirkung der Naturgesetze als Ursache, aber irgendwie stellt sich mir die Frage nach der Ursache der Ursache. Vielleicht finde ich so über die Physik zur Religion und erkenne hinter allen möglichen Ursachen die Eine Kraft als letzte Ursache.

So finde ich schließlich die *Ebene des Seins.* Habe ich alles Sein als Ausdruck dieser Einen Kraft erkannt und als letzte Ursache aller Ursachen, dann erkenne ich irgendwann einmal auch mich als einen Ausdruck dieser Einen Kraft. Ich kann betrachtend mit dieser Erkenntnis umgehen. Dann bin ich der stille Beobachter des Wirkens der Einen Kraft in mir und durch mich. Ich lasse geschehen, was geschieht, und bin im Einklang mit mir und dem Sein. Oder: aktiv eingreifend. Ich erkenne meine schöpferischen Möglichkeiten und bestimme aktiv das Geschehen. Ich gestalte mein Schicksal, greife in das Schicksal anderer mit ein, gestalte die Schöpfung mit. Ich setze die Eine Kraft ein, um das Sein zu gestalten. Bis ich mich irgendwann einmal frage: »Wer ist das eigentlich, der die Eine Kraft einsetzt?« Und ich erkenne: Es ist die Eine Kraft, das *Ich bin!* In diesem Augenblick erkenne ich auch, dass es »mich« gar nicht gibt. Die Illusion des Ichs ist geplatzt. Es war immer nur die Eine Kraft, die gehandelt hat: Ich bin der ICH BIN! Alles, was ist, ist ein Ausdruck des Einen – ist eins. Es gibt nur mich! Und damit ich nicht so alleine bin, habe ich das Spiel des Lebens erfunden und bin als Viele in Erscheinung getreten.

*Wissen ist nur der »Trostpreis«*
*auf dem Weg zu dir selbst.*

*Wichtiger als Wissen ist KÖNNEN!*
*Also probiere ich gleich, ob ich*
*das, was ich weiß, auch KANN?*

*Wichtiger aber als Wissen und Können*
*ist SEIN. Wenn ich BIN, was ich*
*weiß und kann, brauche ich nicht*
*daran zu denken. Ich muss es mir*
*nicht zur Gewohnheit machen,*
*WEIL ICH ES BIN!!!*

## *Heil sein*

Jede Heilung ist eine geistige Heilung. Es gibt kein Medikament gegen Ärger, Zorn oder Neid. Hier hilft nur eine Wandlung im Bewusstsein. Heilung bedeutet also, das verkehrte Bewusstsein wieder auszurichten auf die Eine Kraft und die Einheit allen Seins. Heilung ist also immer ein »Wachsen im Bewusstsein«.

Dieses »verkehrte« Bewusstsein entsteht vor allem aus Unwissenheit oder durch Fehlinformation. Der erste Schritt, die Unwissenheit zu beenden, ist es, zu suchen.

Doch gilt es nicht nur, Wissen zu erwerben, sondern auch die geistige Blindheit zu heilen, die verhindert, dass Wissen zur Weisheit wird. Es geht also nicht nur um die Heilung unseres Körpers, sondern um unser Seelen-Heil. Heil bedeutet: »ganz und ungeteilt«.

In Wahrheit sind wir In-dividuen, also ungetrennte Teile

des Einen, des höchsten Bewusstseins: Seelenheil bedeutet daher, wieder im Bewusstsein dieser Einheit zu leben. Das heilt die Seele, indem es den Schmerz der scheinbaren Trennung beseitigt. Der Körper hat nur das Un-heil widergespiegelt.

Es geht jedoch nicht nur um das Heilsein meiner Seele, sondern ebenso um die Vereinigung meiner individuellen Seele mit der Weltenseele. Erst wenn auch diese Einheit wiederhergestellt ist, bin ich wirklich geheilt.

Um dieses Seelenheil zu erreichen, ist eine Beseitigung der »Innenwelt-Verschmutzung« erforderlich und ein Reinhalten der Innenwelt durch regelmäßige Psychohygiene, eine Gemütswäsche, in der negative Gedanken, belastende Gefühle, unbeherrschte Triebe und unbedachtes Reden und Tun bereinigt werden. So kann sich das Ebenbild Gottes im klaren Spiegel meiner Seele ungetrübt spiegeln.

Doch geht es nicht nur darum, Körper und Seele geistig zu heilen, sondern letztlich um die Heilung im Geist und damit um *Heiligung.* Denn indem ich wieder aus der Gottesunmittelbarkeit heraus handele, heilige ich alles Tun. Heilig sein bedeutet nicht mehr – aber auch nicht weniger –, als im Bewusstsein der Einheit mit dem höchsten Bewusstsein aus dieser Einheit heraus zu leben. Nach dem Gesetz der Gnade kann ich jeden Augenblick meines Lebens »nach Hause« zurückkehren.

## *Einweihung*

Ein-Weihung, das heißt, sich ganz dem Einen weihen, ist der wesentlichste Schritt zur vollkommenen Transformation des Menschen. Mit diesem Schritt tritt ein neuer Mensch in ein neues Leben. Der alte Mensch ist gestorben. Das neue Bewusstsein schafft völlig neue Lebensumstände nach dem Gesetz: »Wie innen, so außen«. Jesus sagte: »Wer *sein* Leben verliert um meinetwillen (also für das Christus-Bewusstsein), wird das Leben gewinnen.«

In vielen Kulturen war die Einweihung begleitet von einem äußeren Prozess des »Stirb und werde« und geschah unter vollem Einsatz des Lebens in einer Konfrontation mit den vier Elementen: In der Schule des Lebens erfolgt diese Probe noch immer ganz lebendig, wenn auch nicht mehr lebensgefährlich.

Die »Erdprobe« besteht darin, zu beweisen, dass man gelernt hat, mit der Materie, speziell mit dem Geld, optimal umzugehen, die »Wasserprobe«, in der Flut seiner Gefühle den Kopf klar und das Herz offen zu halten.

Die »Luftprobe« prüft die Ordnung der Gedanken. Es geht um Gedankendisziplin, sein Bewusstsein auszurichten auf die Eine Kraft. Es zu erweitern und zu erheben, bis es frei von den Begrenzungen durch Raum und Zeit geworden ist. Die »Feuerprobe« fordert, die Willenskraft zu meistern und den individuellen Willen in den Zentralwillen einfließen zu lassen: »Vater, nicht mein, sondern Dein Wille geschehe!«

Die Konfrontation mit den vier Elementen ist keineswegs immer angenehm, und es erfordert viel Geduld, bis wir nicht nur die Situation bewältigen, sondern daran sogar Freude finden. Einweihung ist daher niemals ein äußerer Vorgang, der durch einen anderen erfolgen kann, sondern immer eine Begegnung mit dem göttlichen Bewusstsein in mir selbst – und damit ein Erwachen zu meinem Wahren Selbst.

Ich kann es zwar begünstigen, aber niemals herbeiführen. Niemand kann sich selbst gebären, sondern wir werden geboren. Und eine der letzten Hürden ist Demut: geduldig abzuwarten, bis die Zeit gekommen ist. Nicht dem geistigen Hochmut verfallen, selbst bestimmen zu wollen, wann es so weit ist.

Zu den Einweihungsproben gehört auch der optimale Umgang mit der Zeit. Zu erkennen, dass die Ewigkeit vor mir liegt. Jeden Schritt auf dem Weg zum Ziel zu genießen, aber jeden Augenblick zu erfüllen. Denn jeder Augenblick ist einmalig und kommt nie mehr wieder. So lebe ich im Bewusstsein der Ewigkeit im Hier und Jetzt und erlebe bewusst die Einmaligkeit eines jeden einzelnen Augenblicks. Zeit und Ewigkeit verschmelzen im Erleben des ewigen JETZT.

Der Eingeweihte ist wunschlos glücklich, verlangt nichts und weist nichts zurück, was immer das Leben ihm bringen mag. Da er nichts mehr besitzt, kann er auch nichts verlieren. Er hat alles losgelassen, was geringer ist als Gott. Er ist als der »verlorene Sohn« nach Hause zurückgekehrt.

## *Der Weg ist in dir*

Es ist ganz gleich, wo du bist und was du tust, es ist auch gleich, wer du zu sein glaubst – *Du suchst dich!* Was du auch tun magst, eines Tages wirst du den Weg finden. Du kannst dich entscheiden, ob es ein schwerer Weg sein wird oder ob du den Weg in der Leichtigkeit des Seins gehst – du hast die Wahl. Selbst wenn du glaubst, es gibt keinen Ausweg mehr, bist du nur einen Schritt vom Weg entfernt – *denn das Tor zum Weg geht nach innen auf.*

Sobald du dich auf den Weg gemacht hast, beginnt das eigentliche Leben. Du hast die Wahl, darauf noch viele Jahre zu warten oder sogar einige Inkarnationen. Aber du kannst dieses eigentliche Leben auch genau *Jetzt* beginnen, in diesem Augenblick. Die beste Zeit ist immer *Jetzt.*

Doch sobald du auf dem Weg bist, wird dir alles, was dir bisher so wichtig und erstrebenswert erschien, ganz unwichtig sein. Du wirst neue Fähigkeiten und unbekannte Kräfte entdecken. Das Leben wird dir Möglichkeiten bieten, von denen Du bisher nicht einmal zu träumen wagtest. All das ist dein geistiges Erbe. Es wartet seit ewigen Zeiten in dir darauf, dass du erwachst und dich selbst in Besitz nimmst. Du brauchst nur dein altes Ich loszulassen, damit dein Selbst hervorscheinen kann. *Jetzt!*

Du bist der Schöpfer deiner Lebensumstände! Du kannst bewusst wählen, welches Leben du leben willst!

## *Die Geburt der Weisheit*

Das Leben ist wie ein Film. Die meisten Menschen spielen mit, ohne zu bemerken, dass alles nur ein Film ist. Manche erkennen zwar den »Lebensfilm«, fühlen sich aber davon getrennt, obwohl sie darin handeln. Nur ganz wenige stehen hinter dem Projektor und spielen den Film ab.

Wirklich leben aber tut nur der, der hinter der Kamera steht und bewusst den Lebensfilm dreht, nach einem Drehbuch, das er selbst geschrieben hat. Er weiß auch, wem das Kino gehört und wer die Zuschauer in Wirklichkeit sind.

Der Kinobesitzer in diesem Beispiel ist Gott, die einzige Realität, und wir alle sind ein Teil dieser Realität. Ein Teil dieses Einen Bewusstseins, das wir Gott nennen. Alles andere ist Maya – Schein, ein Abbild dieser einen Wirklichkeit. Der Titel des Films heißt: Das Spiel des Lebens.

In diesem Film sind wir Drehbuchautor, Regisseur, Hauptdarsteller, Zuschauer, ja sogar Mitbesitzer des Kinos, in dem der Film läuft. Worauf es ankommt, ist, dass wir uns dessen bewusst sind! Alles findet uns zur Freude statt. Wenn mir der Film keinen Spaß macht, sollte ich das Drehbuch ändern, eine andere Rolle spielen, mir dieser Rolle bewusst sein – und das Spiel des Lebens genießen!!!

Ein schönes Beispiel dazu:

Dschau-Dschou fragte seinen Lehrer Nan-Tjuan: »Wie kann ich den wahren Weg finden, und wie kann ich ihn lernen?«

Der Meister antwortete: »Wenn du den Weg suchst, so wirst du ihn nicht finden.

Wenn du den Weg nicht suchst, so wirst du ihn auch nicht finden.

Wenn du ihn lernen möchtest, so wirst du ihn nie erlernen können.

Wenn du ihn aber nicht lernen möchtest, so wirst du ihn auch nie erlernen.

Sei offen und weit wie der Himmel, und du bist auf dem Weg. Denn der Wahre Weg ist der alltägliche Weg.«

Ich habe mir einmal den Weg bewusst gemacht und versucht, ihn mit den folgenden Worten zu beschreiben:

Koan – »Das torlose Tor durchschreiten« (Den Verstand überschreiten)

Da ist kein Tor, und doch kann ich hindurchgehen.
Ich kann hindurchgehen, und doch gehe ich nicht.
Ich gehe nicht, und doch komme ich vorwärts.
Ich komme vorwärts, und doch bleibe ich in meiner Mitte.
Ich bleibe in meiner Mitte, und doch bin ich in allem.
Ich bin in allem, und doch bin ich eins!!!

# Schlussgedanken

Diese Geistigen Gesetze sind den meisten Menschen unbekannt, aber deswegen sind sie nicht weniger wirksam. Wirklich-keit heißt ja so, weil sie wirkt, ganz gleich, ob ich an sie glaube oder nicht. Die Schöpfung würde sich in einem ziemlichen Chaos befinden, wenn die Geistigen Gesetze erst wirksam werden könnten, wenn der Mensch sie erkannt hat.

Ein Gesetz ist zwar nicht messbar, aber seine Auswirkungen sind messbar. Wir haben eine Möglichkeit, auch Gesetze zu erforschen, die wir noch nicht kennen: durch das Gesetz der Analogie. Durch das zuverlässige Wirken dieses Gesetzes können wir auch Bereiche des Lebens erforschen, die sich bisher unserer Erkenntnis entzogen haben. Die Beobachtung der Realität zeigt uns dann später, ob wir das Gesetz umfassend erkannt haben.

Wir können diese Geistigen Gesetze nicht ändern, wir können uns höchstens dagegen auflehnen. Doch sobald wir eigenwillig werden, beginnt das Gesetz von Ursache und Wirkung wirksam zu werden und konfrontiert uns mit den Folgen unseres Tuns. Die Wirkung dieses Gesetzes nennen wir dann Schicksal.

Wir können aber auch mit den Geistigen Gesetzen kooperieren. Dann dienen sie uns willig, so wie alles, was uns widerfährt, uns immer nur dienen und helfen will – mag es uns als Wirkung noch so unangenehm sein. Lernen wir jedoch, mit den Geistigen Gesetzen in Einklang zu leben, befinden wir uns auch im Einklang mit der Schöpfung und mit dem Leben selbst. Wir lernen dann, im »Buch der Schöpfung« zu lesen, und erkennen immer klarer die Wirklichkeit hinter dem Schein.

## *Dein Lebensweg*

*niemand kennt den Weg, den du vor dir hast.*
*Noch nie ist jemand diesen Weg gegangen,*
*und niemals wird ein anderer diesen Weg gehen,*
*denn es ist dein Weg.*

*Er ist so einmalig,*
*wie du einmalig bist.*
*Ja, du bist einmalig,*
*und du hast einen wertvollen Beitrag*
*in deinem Leben zu leisten*
*auf deine ganz besondere, einmalige Art.*
*deine wahre Bestimmung.*

*So gehe deinen Weg,*
*gehe ihn auf deine einmalige Art,*
*aber versuche nicht,*
*möglichst schnell am Ziel zu sein.*
*Denn es gibt kein Ziel.*
*Der Weg ist das Ziel,*
*das Ziel ist nur das Ende des Weges*
*und der Anfang eines neuen Weges.*

*Also genieße deinen Weg,*
*deinen einmaligen, wundervollen Lebensweg.*
*Lass dich jeden Tag vom Leben beschenken,*
*und wenn du bereit bist,*
*lass dich vom »inneren Meister« führen.*
*Damit du die einmalige Melodie deines Lebens*
*immer reiner in dir hörst.*
*Und singe!*
*Denn alles findet nur dir zur Freude statt.*
*Die ganze Schöpfung ist für dich da!*